博物館情報・メディア論

日本教育メディア学会　編集

ぎょうせい

まえがき

　梅棹忠夫が、『メディアとしての博物館』（平凡社、1987）を著してから、もう四分の半世紀がたった。今では多くの人が、博物館は古物の単なる収蔵庫ではなく、それらの情報発信現場だと理解するようになっている。その意味で、今回の新しい博物館法の施行規則によって、大学の学芸員課程の新たな科目として「博物館情報・メディア論」が設定されたことには必然性がある。

　確かにこの科目は、それまでの「博物館情報論」と「視聴覚教育メディア論」を合体させた折衷の産物であるかもしれない。しかしその背景には、博物館に携わる人々の思いの変化があった。いうまでもなくそれは、市民への情報発信という思いである。

　博物館には、これまでいくつかの段階があった。殖産興業、国威発揚、科学的探求、そのどれもが、それぞれの時代を担った役割を果たしてきたといえるだろう。諸外国の事例はよそにして、では我が国の場合は、これからどのような時代の役割を博物館は担うべきなのだろうか。もちろんそれは市民への情報発信だというかもしれない。しかしそれは、いままでの博物館でもおこなってきたことである。問われるべきは、なんのための情報発信かである。

　「博物館情報・メディア論」というと、発信のための技術的な問題のことだと考える人が大半ではないだろうか。だがいまのべたように、問われるべきは、なんのための情報発信かである。その気で博物館の門を叩く人は、まだそれほど多いとはいえない。学校で遠足の代わりにとか、観光ついでに立ち寄るという人が、まだまだ大半である。そういう人が多いなかで、ヴァーチャルミュージアムを充実しても、発信の実は上がらないだろう。

　ではこれからの博物館は、どんなメディアであるべきなのだろうか。本書は、こうした問題にも切り込んでみた。果たして答をみいだせたろうか。その評価は読者に任せる他はないが、本書は日本教育メディア学会がそれまでの蓄積を活かしながらも、新たな課題に挑戦して5年の経過を経て上梓した。今のべた思想的な問題から、より具体的な展示の問題、そしてこれから求められるアーカイブスや法律問題まで、その首尾範囲は広い。どうか、メディアとしての博物館の役割はなんなのか、それを考えながら読んでいただきたい。

平成25年1月

編集代表　小笠原喜康

目　次

第 1 章　進化する博物館：博物館情報・メディア論へのいざない
 1.　メディア社会の博物館　2
 2.　アミューズメント　5

第 2 章　それは洞窟から始まった：情報とメディアの歴史
 1.　情報メディアの発達　11
 2.　ユビキタス社会の登場　17

第 3 章　博物館はメディア：博物館とメディアの発展史
 1.　市民の登場とメディアの役割　24
 2.　市民教育施設としての博物館　29
 3.　市民教育から参加へ：博物館の新たな展開　33

第 4 章　人と人をつなぐメディアとしての博物館：情報とメディアの基礎理論
 1.　情報とメディア　38
 2.　情報とはなにか　40
 3.　メディアとはなにか　43
 4.　メディア機能の三次元と博物館展示　46
 5.　変容する博物館の役割：アウトレットからノードへ　49

第 5 章　心は環境のなかに：博物館情報メディアの心理と学習理論
 1.　知覚心理学の流れ　54
 2.　認知心理学の発展　59
 3.　展示におけるアフォーダンス　63

第 6 章　新たなメディアへのいざない：博物館メディアリテラシー
 1.　教育におけるメディア利用のさまざま：「学びのイノベーション」　69
 2.　タブレット型端末の活用　74
 3.　メディアリテラシー　79

目　次

第7章　モノが語る・メディアが語る：メディアを活用したさまざまな展示手法
1. メディアによる展示手法の構造　86
2. 映像展示のさまざま　88
3. 実物展示とジオラマ展示のさまざま　93
4. 音展示・体験展示、そして演示とドラマ展示　104
5. インターネット活用の構築と展開　109

第8章　世界とつなぐ博物館：情報収集から情報発信へ
1. 情報発信とインターネット　114
2. 博物館とインターネット活用　120

第9章　のぞいてみよう収蔵庫：デジタルアーカイブスの構築と課題
1. デジタルアーカイブの種類　126
2. アーカイブスの作成技術とその課題　129
3. デジタルアーカイブの管理と運営　135

第10章　メディアは身体：メディアによるユニバーサルの手法
1. あらゆる人がアクセスできる博物館を目指して　140
2. さまざまな障がい（害）をこえて　143
3. 多文化教育のために　150

第11章　それって誰のもの？：情報とメディアの法的な問題
1. 著作権序論　154
2. 著作物と著作者　157
3. 著作権　160
4. 個人情報・プライバシーとパブリシティ権　170

第12章　つながる・つなげる博物館：地域メディアとの連携
1. 学校との連携でのメディアの役割　174
2. 地域メディアとのコラボ　179
3. アウトリーチ教材　183

演　習
1. 映像制作技法：企画から編集までのコツ　188
2. ワークシート作り　190
3. アウトリーチ教材をつくってみよう　193

第 1 章

進化する博物館：
博物館情報・メディア論へのいざない

1. メディア社会の博物館

1.1 世の中に溢れているのは情報？

「高度情報社会」、「知識基盤社会」など、現在の社会はさまざまなよび方で表現されている。「情報」、「知識」が身の回りに溢れ、必要な時にいつでも手に入る社会というイメージで語られている。ケータイやスマホ、インターネットを日常的に利用しながら、この状況を実感している人も多いだろう。でも、本当に「情報」や「知識」が溢れているのだろうか。

例えば、図1で示す図形をあなたはどう見るだろうか。これは、1915年にデンマークの心理学者ルビン（Edgar Rubin, 1886-1951）が発表した「図地反転図形」と呼ばれる図形である。ある形として認識される「図」の部分と、その時、背景として認識される「地」の部分があり、この場合、白い部分を「図」と見ると壺（盃）が浮き上がり、黒い部分を「図」と見ると、向き合う二人の横顔が見える。この時、人の目に届いているのは、白と黒のパターンであり、壺と見るか、向き合う人と見るかは、見ている人の認識に規定され、それらが同時に見えることはない。

図1　ルビンの壺

同じように、「今年は雨が多い」という言葉を聞いても、憂鬱でネガティブなイメージを持つ人もいれば、野菜がよく育つとポジティブなイメージを持つ人もいる。つまり、世の中に溢れているのは「情報」や「知識」ではなく、「データ」なのである。

1.2 博物館は知識や情報の宝庫か？

「データが人間の理解を通して情報となる」。情報デザイナーのネイサン・シェドロフ（Nathan Shedroff）は、人間がデータをどのように理解し、知識や知恵に変えていくのかを図2のような「理解のスペクトル」として示している。この図をみると、人間の外側にあるものはデータである。人間はそれを取り込み、情報、知識、知恵へと変換し蓄積していく。データを情報に変えるためには知識が必要である。いくらデータがたくさんあっても、知識がなければそれらはタダのゴミデータとなってしまう。

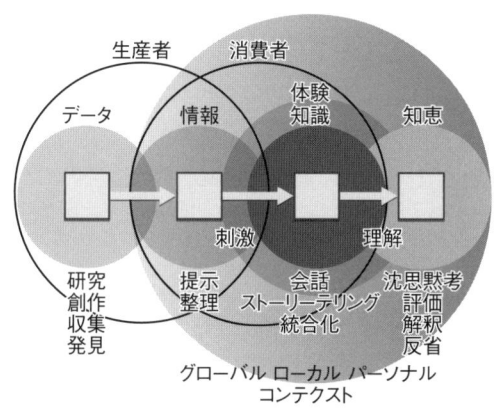

図2　理解のスペクトル

「博物館は知識や情報の宝庫」といわれることも多い。でも、先ほどの議論を踏まえれば、「博物館はデータの宝庫」という方がよいのかもしれない。博物館に訪れる人は、それぞれ「学びたいこと」を持って訪れる。同じ展示物を見てもそれぞれが得る情報は異なる。学芸員が展示の構成を考えるときには、何らかの「伝えたいこと」を意識し、それがよりよく伝わるよう「展示の構成」を考える。でも、来館者は必ずしもその文脈で展示にアクセスし、学芸員の意図を汲んで理解しているとは限らない。多様な背景知識や学びの目的を持った来館者に、資料の持つさまざまな情報を伝えることができないと、「博物館は大きなゴミ箱」となってしまう。博物館をさまざまな人のためになる知識や情報の宝庫にする。そのために、学芸員がやらなければならないことはたくさんある。

1.3 メディアを通してデータは伝わる

データは直接人間に取り込まれるものではない。人間は、五感とよばれる感覚器を持ち、それらを通してデータを取り込む。データは何らかの媒体を通して運ばれる。この媒体をメディアとよぶ。

マーシャル・マクルーハン（Herbert Marshall McLuhan, 1911-1980）の「メディアはメッ

セージである」という有名な言葉がある。メディアは単なるデータの運び手ではなく、それ自体がメッセージを持つということである。同じデータでも、異なるメディアを通じて得られたものは、異なる理解を導き出すことがある。メディア自体が持つ特性をきちんと理解しておかないと、その伝えられる内容であるデータはきちんと伝わらないということであろう。メディア・リテラシー（媒体素養）とよばれるこの素養は、これからの時代を生きていく上での重要な素養の一つであると考えられるが、情報発信者である学芸員も、身につけておくべき能力の一つであろう。

　館内の展示を見ても、さまざまなメディアが利用されている。もちろん、展示資料そのものも重要なメディアである。その他にも映像展示、パネル等の文字展示、音響展示、最近では展示室の温度や匂いをコントロールする技術を使い、来館者の五感にさまざまな形で働きかける展示も使われるようになってきた。メディアを効果的に活用し、来館者の求める情報を提供する工夫が求められている。

1.4　博物館情報・メディア論で身につけてほしいこと

　さらに近年では、博物館Webページが充実してきている。単なる宣伝のためのWebページではなく、来館前の情報収集、来館後さらに深く学ぶための資料が提供されている場合も多い。また、来館して見ることのできる以上の近さ、解像度で見ることができる高精細映像資料や、専門的研究のための資料としてのデータベースの提供など研究のための施設としての博物館は、さまざまな情報提供を始めている。

　Web技術を利用したeラーニングも始まっている。来館者だけでなく、学芸員のキャリアアップやサイエンス・コミュニケーター育成などの講座も始まっており、忙しい学芸員や地方の博物館等からも参加が可能である。このような学びも、メディアがあってこそのものであろう。

　しかしながら、メディアを利用していく場合に、注意すべきこともある。デジタル・データは簡単に複製が可能であり、複製される際に劣化しない。資料としてネット上に提供したデータは、簡単にコピーされ、利用されてしまう可能性もある。博物館が収集、管理する資料ひとつひとつの著作権処理も、今まで以上の厳格さが求められてきている。特に、写真や動画などに関しては、そこに写った人のプライバシーを侵害することのないよう、十分な配慮も求められる。

　さらに博物館は、来館者へのアンケート、友の会の会員名簿など個人に関する情報もたくさん扱っている。これらの収集、管理、利用については、より一層の注意が必要である。

　このように、これからの学芸員には、資料に関する専門的な知識だけでなく、メディアや情報についての知識、関連する法的知識等、幅広い知識や技術を身につけておくことが求められるのである。博物館情報・メディア論の学習を通して、これら知識や技術をしっかりと身につけよう。

2. アミューズメント

2.1 ミュージアムは女神たちの神殿

博物館は英語でミュージアムということは知っているだろう。ミュージアム (museum) の語源はラテン語のムーセーウム (museum) であり、さらにその語源はギリシャ語のムーセイオンである。ムーセイオンは、芸術や学問を司る9柱の女神ムーサたちを祀る場所のことを意味する。博物館法第2条第1項に書かれている博物館の定義は以下の通りである。

> 「博物館」とは、歴史、芸術、民俗、産業、自然科学等に関する資料を収集し、保管（育成を含む。以下同じ。）し、展示して教育的配慮の下に一般公衆の利用に供し、その教養、調査研究、レクリエーション等に資するために必要な事業を行い、あわせてこれらの資料に関する調査研究をすることを目的とする機関（社会教育法による公民館及び図書館法（昭和25年法律第118号）による図書館を除く。）のうち、地方公共団体、一般社団法人若しくは一般財団法人、宗教法人又は政令で定めるその他の法人（独立行政法人（独立行政法人通則法（平成11年法律第103号）第2条第1項に規定する独立行政法人をいう。第29条において同じ。）を除く。）が設置するもので次章の規定による登録を受けたものをいう。

これにある通り、一般公衆の教養、調査研究、レクリエーション等に資するため、多様な分野のさまざまな資料を収集、保管、展示し、教育的配慮の下に一般公衆の利用に供することを目的として作られた場所、まさに女神ムーサたちの神殿なのである。

2.2 博物館はレクリエーション施設？

先ほどの博物館法による博物館の定義に「レクリエーション」という言葉がある。レクリエーションは、一般的には自由時間などにおこなわれる主体的な活動や行動を意味する。しかしながら、山口有次（1964-）によると、レクリエーションは戦後民主化教育のなかで教育の一環として取り入れられた経緯を持つ言葉で、道徳的、教育的な意味を持ち、同じように用いられるレジャーとは、ニュアンスが異なるそうである。つまり、レクリエーションという言葉には、「一般大衆が余暇を利用して、教養を身につけるための主体的な活動」といった意味が含まれているのであろう。ただ、レジャーなどとも同意に使われていることから、その学びは苦しく厳しいものではなく、楽しく、遊びの要素も踏まえたも

のと考えるべきであろう。

　ミュージアムと同じmuseを語源に持つ言葉に、アミューズメント(amusement)がある。アミューズメントとは、楽しみ、娯楽、慰み、気晴らしといった意味で用いられるが、もともとは、女神ムーサたちを喜ばせるために捧げた技芸のことであった。つまり、この言葉には、楽しみを受けるというより、自ら積極的に行動をするといった意味合いが含まれているとおもわれる。遊園地などをアミューズメント施設とよぶこともあるが、積極的にそこに参加して、楽しむための施設ということなのであろう。同様の意味を持つ言葉に、エンターテインメント（entertainment）があるが、この言葉には楽しみ、気晴らしという意味に加え、もてなしという意味がある。どちらかと言えば、自分が楽しむというより、他の人を楽しませるという意味があるのであろう。

　博物館は古めかしいものが陳列されているだけの場ではない。人が、自らの意思でやってきて、そこで自らの意思で楽しく学び、自らの知識をふくらませて、自らを創りあげていく学びの場なのである。

2.3　多様な学びを支えるメディア

　博物館は学校とは異なり、そこにやってくる人の学びの目的は多岐にわたっている。ある人は何かの調査・研究のために、ある人は子どもの自由研究のために、ある人は旅行の途中でふらっと立ち寄っただけ。そんなさまざまな目的でやってきた人たちの学びに対応するために、これからの博物館はどのような工夫が必要なのであろうか。

　先にも述べた通り、メディアとは情報（データ）を伝達する媒（なかだち）となるもののことであり、電子メディアだけをさすものではない。これまでにも博物館は、展示の工夫だけでなく、図録、ガイドマップ、音声ガイドなど、さまざまなメディアを駆使して、多様な来館者のニーズに応えるべく努力をしてきている。これに電子メディアが加わることで、これまで不可能だったコミュニケーションを可能とすることができる可能性がでてくるのである。例えば、展示の解説で使われていた代わりに、デジタル・サイネージシステム（電子看板システム）を用いることで、限られたスペースに多様な情報を提示することができるようになるだけでなく、人物認識システム等と組み合わせれば、システムの前に立った人を認識して、その人に合わせた説明を出すということもできる。来館者が所持するスマートフォンに、直接解説を提示することも可能であろう。デジタル化された情報は、Webを通して世界中に発信することも可能である。

　博物館を楽しい学びの場として、その持つ多様な情報をしっかりと、かつ来館者ひとりひとりのさまざまなニーズに対応し伝えていくのか、そのための場をどのようにデザインするか、これらは博物館学芸員に課せられた使命、ミッションであり、学芸員の能力、力量にかかってくる。これからの時代の博物館学芸員として、期待に応えられるよう、これから一緒に学んでいこう。

（黒田　卓）

〔参考文献〕

リチャード・S・ワーマン（1990）『情報選択の時代』松岡正剛訳　日本実業出版社

ロバート・ヤコブソン（2004）『情報デザイン原論』篠原稔和監訳　食野雅子訳　東京電機大学出版局

マーシャル・マクルーハン（1987）『メディア論―人間の拡張の諸相―』栗原裕・河本仲聖訳　みすず書房

山口有次「レジャー関連用語の定義と類似語の概念整理」http://www.f.waseda.jp/yujiyamagu/database/language/teigi.htm

---

ミニ演習問題

近くの博物館に訪れ、そこで使われているメディアとその役割を調べてみよう。

第 2 章

それは洞窟から始まった：
情報とメディアの歴史

第2章 それは洞窟から始まった

はじめに

　「知識基盤社会」と呼ばれる現代に生きる私たちは、とても便利な暮らしのなかにいる。寒いときは暖房をつけ、暑いときはクーラーを使って快適に過ごすことができる。蛇口からはいつでも湯水が出る。遠くにいる人とは電話でコミュニケーションをとり、飛行機に乗って海外へも簡単に出かけることができる。もちろん現代に暮らす私たちにとって、これらのことはごく当たり前のことであり、特別に便利であると感じないかもしれない。しかし、このような生活をすることができるようになったのはごく最近のことであるという認識を持つことは重要である。少し昔の人たちの暮らしを見ると、井戸から水を汲み家までの長い距離を容器に入れて運んだり、火をおこすために薪を集めたり、生活するために多くの時間を水や食糧を確保するために費やさねばならなかった。私たちの先祖は、こういう生活を何万年も何世代にもわたっておこなってきたわけである。

　現代の生活を生物進化の時間軸のなかにおいてみると、ヒトの進化の過程のなかで私たちが今おこなっている生活は、ほんの一瞬の出来事であることがわかる。人類の先祖が二足歩行を始めたのが、およそ600万年前といわれている。そして、新人と呼ばれる、現在の人類とつながるクロマニヨン人は、25万年前に生まれた。生物の進化は、何世代にもわたる世代交代のなかでゆっくりと進み、何万年もかかって現代につながるヒトに進化してきた。だから4万年前の人たちと現在の私たちとの間には、生物学的な違いはほとんど見られない。それほど生物進化には時間がかかる。私たちのDNAの99パーセントはチンパンジーと同じである。それは、ライオンとトラ、ウマとシマウマの関係と同じくらい近いものである。しかし、チンパンジーとヒトを比べると、その生活には大きな違いが見られる。それは、ヒトは記号を使って伝達をおこない、いろいろな道具を発明し、複雑な社会を創り出し、文化的に大きな進化を遂げたからである（トマセロ、2006）。

　本章では、ヒトの歴史を振り返り、ヒトはコミュニケーションをとるために、どのような情報メディアを使ってきたのか、社会的な存在としての人類が、生物学的にではなく、文化・歴史的にどのように発展してきたのか、検討を加えていく。そして、これからの社会における情報メディアのあり方について展望していく。

1. 情報メディアの発達

　種としてのヒトが、ほかの種と競合して生き延びるには、ほかの種よりも秀でた特徴がなければならない。しかし、ヒトはシマウマのように速く走る力もないし、ライオンのような鋭い牙もない。そのかわりヒトは、二足歩行を始めたことで脳が発達し、知恵を持つようになった。そして生き延びるためには互いに助け合うことの重要性を学んだ。互いに助け合うためには、コミュニケーションをとり合い、お互いの活動を調整していかなければならない。協働することで、一人ではできない多くのことが達成できるようになる。

　私たちの脳は、4万年前のヒトの脳と生物学的な違いはないが、4万年の間に多くの知識を蓄え、さまざまな人工物を作り出し、うまくコミュニケーションをとる術を学び、その方法を次の世代に引き継ぎ、社会文化的に進化してきた。記号や言語、そして文字を発明し、さまざまな道具を作り出してきた。さらに、制度や仕組みを作り出し、それらの人工物を次の世代に引き継ぐことで、人類の英知が累積的に積み上げられてきた。

　このようなプロセスのなかで重要なのは、社会的な存在としてのヒトである。互いにコミュニケーションをとるとき、ヒトはさまざまなものを媒介としておこなっている。とくにコミュニケーションのための媒介物をここでは「情報メディア」と呼ぶ。ヒトが社会的に進化する過程のなかで、私たちはさまざまな情報メディアを使いこなし、コミュニケーションを図ってきた。歴史的な視点からこれらの情報メディアについて考えよう。

1.1 身体

　私たちにとって根源的なメディアは、第一に身体そのものである。古代の人は、まず身体を情報メディアとしてコミュニケーションをとってきたが、それは現代でも同様である。私たちは身体を操作することによって情報を発信したり、受信したりする。身体を使って情報のやりとりするのには三つの方法がある。まず、身体を使って表現する方法のひとつに仕草がある。笑ったり、ウィンクをして顔の表情を変えたり、身体全体を使ってジェスチャーをしたり、さまざまな身体表現がある。このような身体動作により、私たちはコミュニケーションをとっている。それは、次第に周りにあるものを使って伝えるようになる。例えば、棒を使って太鼓を叩いたりして音を出したり、ホラ貝のようなものを使って遠くの人に知らせたりするようになる。あるいは、火を使って、煙ののぼり具合で情報を伝えることもある。

　第二に、音声によるコミュニケーションである。言語が発達する以前にも、叫び声や単

第 2 章 それは洞窟から始まった

純な音声を発し、周りとコミュニケーションをとってきた。しかし、集団で生活をするようになるに従い、複雑な内容についてやりとりをする必要が増してくると、言語が必要になった。例えば、先史時代にも大型の獲物を狩る際には、集団内で役割を決め、それぞれが自分の役割を的確にこなすことで、狩猟をひとりでやるよりも効率的におこなうことができる。それには、互いにコミュニケーションをとり合い、調整をおこないながら協働することが求められる。

　第三に、外界にあるものを加工して、いろいろな表現をするようになる。例えば、柔らかい粘土の上に手指を器用に操作して絵を描いたり、石や動物の骨などの硬い素材には、図形や線などを彫りつけたりした。ヨーロッパには古代の洞窟画が多く見つかっており、鹿や野牛などの絵が描かれているが、これらは狩猟により生活していた先史時代の人たちが描いた作品である。洞窟のなかで、狩りの成功を願ったり、仲間の団結を図ったりするために描いたのだろうか。絵を描くことで目標が可視化され、コミュニケーションが確かなものになる。このような状況のなかから情報メディアの歴史が始まったととらえてよいだろう。

　共同体のなかでは次第に言語が発達し、言葉を使って情報のやりとりをするようになる。そして口承による物語や神話が何代も受け継がれてきた。さらに時がたつと、農業技術が開発され、麦や雑穀、米などの穀物を作る農業では、灌漑設備や水田が作られ、社会の仕組みがさらに複雑になり、共同体をまとめ上げるための制度や分業体制を整備していくことが求められた。

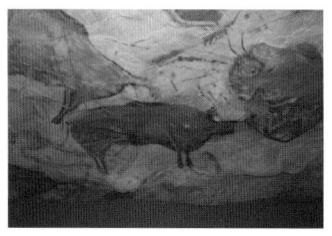 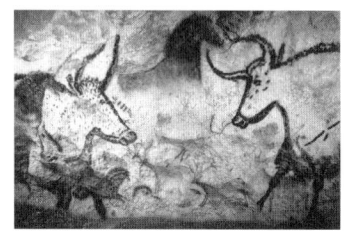

（左）スペイン北部のアルタミラ洞窟壁画（Wikipedia より）
（右）フランス西南部のラスコー洞窟壁画（Wikipedia より）

1.2　文字

　社会が複雑化し、交わされる情報量が増えてくると、音声の言葉を記憶することは次第に困難になってくる。伝承として代々語りつながれてきたことも、時代とともに変質してくる。相手に正確に情報を伝えるためには、文字が必要になってくる。文字を書くことで、直接身体を介さないでも情報伝達ができるようになる。紀元前 3000 年頃のインダス文明、紀元前 1600 年頃の古代中国ではすでに文字が使われていた。

　古代から文字を刻むものとしていろいろなものが使われてきた。例えば、亀の甲羅、板、

石版、動物の皮などが使われた。紀元前300年頃には、エジプトのアレクサンドリアに図書館が作られ、世界中の文献を収集しようとしていた。そこでは、パピルスという巻物に文字が刻まれ、およそ70万巻にも上ったといわれている。

2世紀頃には中国で紙が発明され、安価で軽量であったため、西欧にも広がっていった。紙は、書きやすく、丈夫で色のにじみがない、軽くて持ち運びしやすい、多くの情報を載せられる、入手しやすいなど、文字を保存するのに適していたため普及していった。紙に文字を書き記すことにより、多くの人に情報が伝わりやすくなるだけでなく、遠隔地に住む人に対しても、誰かに手紙として運んでもらえば伝えることができるようになった（オング、1991）。日本でも江戸時代には飛脚による通信制度が整えられた。明治に入ってからは、郵便制度が整い、手紙が遠隔地の人に安価に届くようになった。

手紙は、江戸時代には飛脚により遠隔地まで運ばれた。
（写真提供＝小笠原喜康氏）

1.3 印刷

　紙の発明により、文字の保存はできるようになったが、複製をするには写本という文字をひとつひとつ書き写していく時間のかかる作業をしなければならなかった。しかし、多くの人に同じ情報を伝えるためには、より効率的に複製する技術が必要であった。中国では7世紀頃に木版印刷が開発され、11世紀には陶器による活字が作られ、印刷がおこなわれていた。ヨーロッパでは15世紀にグーテンベルグが活版印刷術を発明し、聖書の普及に貢献した。

　印刷機械の発達により、本が多量に複製されるようになると、人々に読み書き能力が求められるようになった。知識を得るには読書をする必要があるという考えが普及するようになったのは、印刷術が発明されてからである。印刷は、コミュニケーションのスタイルを、従来の口承によるものから文字を重視したものに置き換えた。それまでは口承により情報を得ていたが、次第に印刷物を信頼するようになり、印刷物が権威を持つようになる。社会で活動するためには、読み書き能力が重要になり、次第に識字は社会生活を営む上で

第 2 章　それは洞窟から始まった

欠かせない能力となっていく（橋元、2008）。

　印刷物には、文字だけでなく、絵画、図表、写真なども載るようになってくると、生活のなかにヴィジュアルな表現が増え、好まれるようになる。19 世紀初めには、写真技術が開発され、本や新聞に写真が載ったりするようになった。カメラは、発明された当時は大型で持ち運びが難しいものであったが、次第に改良され小型化されていく。どこにでも持ち運び撮影できるようになると、いろいろな写真が撮られるようになり、映像表現に広がりが出てきた。

1.4　電話

　電気を使って情報を伝達する技術は、19 世紀に発明された。電信技術は、はじめ電線を通してモールス信号を伝え、遠隔地にいる人と連絡をとることに使われた。電信網の発達により、遠くに離れた人とも瞬時に情報を伝えることができた。その後、電話が発明され、離れた 2 地点で会話をやりとりするために、電話交換機と電話網の整備がおこなわれた。

　電信や電話が発達し、人体の神経網のように国全体に電話線が張り巡らされ、社会的な相互依存関係が構築されるようになった。電話は、離れた人とのコミュニケーションをとる手段として重要な役割を占めるようになるが、その普及の程度により電話利用のスタイルが変容してきた。

　まず、裕福な家庭から電話が設置されるようになった。しかし、近所の家庭には電話が置かれていないため、近所の人が電話を借りに訪れた。当初、電話は高価であり、遠くの人と緊急に連絡をとるためには、電報が使われていた。そのため家庭の電話は、玄関に置かれ、公衆電話としての役割を果たした。次第に各家庭に 1 台の電話が設置されるようになると、受話器は居間に置かれ、家族団らんの場で電話が使われるようになった。その後、無線でつながる子機が開発されると、無線の受話器は個室に置かれるようになり、電話での会話はより私的なものへと変化していく。さらに固定電話から携帯電話に変わり、電話はひとりひとりの所有物となり、いつでもどこでも友達とつながることのできるツールに変容してきた（吉見ら、1992）。さらに電話機能に加え、インターネットに接続できたり、ショートメッセージを送ったり、ゲーム機や携帯音楽プレーヤー、テレビとして、携帯電話は多機能化してきた。

1.5　ラジオ

　無線で情報交換できるラジオは、開発当初は遠隔地との個別のコミュニケーションの手段として使われ、現在のようなマスメディアとしては着目されていなかった。当初、アマチュア無線として電話のような使われ方をしたラジオは、専門的な知識が必要とされていたため、特定の少数の人に利用されていただけだった。

　それが 1920 年代には、操作が簡単で受信機能だけに特化した機器が売り出され、現在

のようなマスメディアとしてのラジオが普及した。この時期には、すでに新聞や雑誌などのマスメディアが普及し、多くの人がマスメディアから発信される情報に興味を持つような社会状況ができていた。ラジオは新聞や雑誌、映画やレコードといったメディアと相互に関わり合いながら社会に浸透していった（水越、1993）。

1.6　映画

19世紀の終わりに発明された映画は、静止画像を連続して見せることで、網膜の残像現象により、動きのある映像を映し出すことができる。最初は無声映画が上映され、楽団と弁士がその場で音楽を流し、説明を加えた。映画の初期の頃は、カメラが大型だったため、映像も固定したカメラの前で演技するものであったが、次第に小型になりカメラワークや編集技法が発達し、新しい映像表現が使われるようになってきた。映画が盛んになると、映画館で人々は大型スクリーンでの映像を楽しむようになってきた。最近では、レンタルショップでDVDを借りたり、ネットからダウンロードしたりして、家庭でも映画を楽しむようになった。また、3D（三次元映像）などの新しい技術が開発され、映像表現に幅が出てきた。

1.7　テレビ

1960年代にはテレビが普及し始めた。当初は高価なため街頭に置かれて視聴していたが、他のメディアと同様に、次第に各家庭に置かれるようになってきた。初期には、テレビは居間に置かれ、家族そろって視聴していたが、価格が下がり、小型化してくると居間だけでなく個室にも置かれるようになった。居間に置かれた時代は、チャンネル数も少なく、家族そろって同じ番組を見て楽しんだが、次第にチャンネル数が増え、それぞれ見たい番組が同じ時間に放送されるようになると、個別に視聴されるようになってきた。近年、日本人は1日平均3時間以上視聴しており、他のマスメディアと比べると利用時間がもっとも長い（諸藤ら、2011）。

現在では、ケーブルテレビ、光ファイバー、地上波、衛星テレビなど伝送経路も多様になり、100以上のチャンネルで放送されるようになった。また、テレビは携帯電話やコンピュータからも視聴できるようになってきたが、インターネットの普及に伴い、若年層のテレビ視聴時間は減る傾向にある。一方、高齢者ほど長時間の視聴傾向が見られる（諸藤ら、2011）。

1.8　コンピュータ

1940年代に最初のコンピュータが登場して以来、コンピュータ技術は急速に発展してきた。エニアックと呼ばれる最初のコンピュータは、真空管を2万本近く着装し、地対空ミサイルの弾道計算に使われた。次第にコンピュータは小型化の方向を目指し、メインフ

レーム・コンピュータからオフィスコンピュータ、パーソナルコンピュータへと変化してきた。

1980年代には、静止画、動画、音声、文字などは、それぞれ別々に扱われていたが、1990年代になると音声、画像、動画などのアナログ情報をデジタル情報に変換できるようになり、情報を一元的に管理できるマルチメディアパソコンが出現した。

コンピュータは、デスクトップ型からノートブック型、そしてタブレット端末と次第に小型化してきた。スマートフォンと呼ばれる携帯情報端末が利用されるようになり、電話とインターネットを統一的に扱う環境が整ってきた。

1.9 インターネット

インターネットとは、インターネット・プロトコル（IP）によって接続されているネットワークの総称であり、1990年代半ばに一般への普及が始まった。多くの情報メディアはアナログからデジタルに変わり、インターネットの中に統合されるようになった。ラジオ、テレビはインターネットを介して視聴できるようになり、電話も利用することができる。ショートメッセージや電子メールなども利用でき、情報メディアのほとんどの機能がスマートフォンの中に集約され、ネットを介してコミュニケーションができるようになった。インターネットをウェブと呼んだりするが、まさにクモの巣のごとくケーブルが張り巡らされた状況を表している。

先史時代に洞窟のなかで生活をしていた4万年前と現代のヒトは、生物学的には違いがないということは前述した。しかし、この4万年の間にヒトはさまざまなメディアを作り出し、膨大な量の情報をやりとりするようになった。とくに、この100年の間に情報メディアは飛躍的に発展してきたといえる。これらの情報メディアはその発展に伴い、それらを支える社会システムが充実することで、その特性をさらに強化してきたといえる。例えば印刷メディアは、活版印刷機の発明により、多量に作ることができるようになった。社会に印刷メディアが流通するのを支えるのは、印刷機だけでなく、安価で良質な紙を作る産業が発達してはじめて実現する。紙やインクの開発とともに、印刷物を運ぶ流通システムの充実など、社会のさまざまな組織や仕組みが作られなければならない。

情報メディアはこの100年の間に急速に発達し、私たちの生活のありようを変えてきた。例えば、印刷メディアの出現で、私たちは読み書きを学ぶようになり、読み書きする能力は社会で活動するための基本条件になった。それは、映画やテレビ、電話などのメディアも同様である。新しいメディアの出現が、社会の仕組みを変え、私たちの生活に大きな影響を与える。私たちの生活スタイルは変わり、考え方に変化が現れ、新しい欲求やニーズが生まれる。そして、その欲求やニーズを満たすために新しいメディアが作られる。私たちとメディアの関係は不可分であると同時に、相互構成的であるといえる。

2. ユビキタス社会の登場

はじめに

　1990年代以降、私たちの生活のあらゆる部分でデジタル化が進行してきた。これまで別々に管理されていた情報をネットワークでつないで、一元的に管理することで簡単にさまざまな処理ができるようになってきた。コンピュータの心臓部であるマイクロプロセッサ（CPU）は、価格が下がり、パソコンだけでなく、次第に自動車、テレビ、電話、音楽プレーヤー、ゲーム機、冷蔵庫、電子レンジなどいろいろな機器に組み込まれるようになってきた。そして私たちの身の回りには、至る所にCPUが配置され、ネットワークでつながれるようになった。

　私たちは身の回りにコンピュータが置かれていることを意識しなくなったが、CPUがいろいろなところに埋め込まれ、さまざまな便利さを享受できるようになった。ユビキタス（ubiquitous）とは、ラテン語を語源とし、「偏在する」「いたるところに存在する」という意味である。いたるところにコンピュータは存在し、それらはネットワークでつながっているが、私たちはコンピュータを使っているという意識を持たないまま、その恩恵にあずかっている。「ユビキタス社会」とはこのような社会をさしている。

　ユビキタス社会は二つの大きな特徴を持っている。一つは、前述したように、私たちの身の回りにはたくさんのCPUが存在するが、コンピュータを利用するという認識を持たずに、便利さを味わう。コンピュータは環境として私たちの生活のなかに溶け込んでいるのである。次に、偏在するCPUがネットワークでつながれ、CPU間で情報を交換することで、協調的な動作をするようになる。多くのコンピュータがネットワークにつながることで、個別のニーズに応じたサービスを私たちは受けることができるようになる。ユビキタス社会では、これまでにないさまざまな便利さを体験できるようになる。

第2章 それは洞窟から始まった

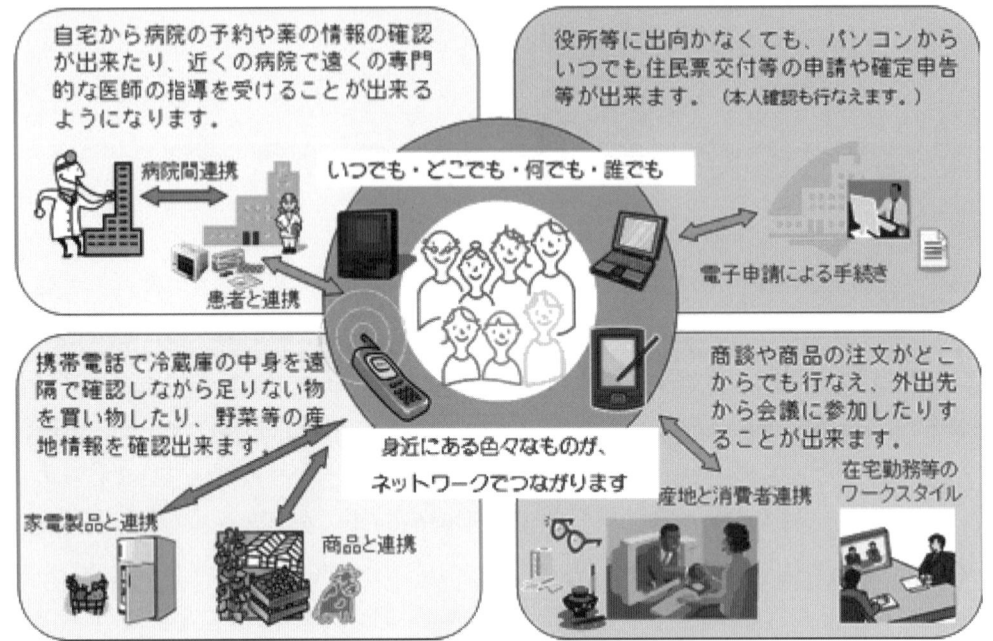

ユビキタス社会のイメージ（鯖江市の広報ページ）
http://www.city.sabae.fukui.jp/pageview.html?id=5606

2.1 ユビキタス社会の生活

電車に乗るとき、切符を持たなくても、改札口でICカードを触れるだけで改札口を通過したり、海外でもATMを使って銀行から現金を引き出したりでき、私たちはこれまでになく便利な生活を享受できるようになった。ユビキタス社会では、さらにどのようなことが期待できるのだろうか。

2.1.1 生活

家庭にある電気製品、例えばテレビやビデオ、冷蔵庫や洗濯機などは、それぞれ別々に操作するものである。しかし、新しい家電製品には、それぞれCPUが組み込まれ、ネットワークでつながるようになる。これまでは、それぞれの家電製品には一つずつリモコンがあり、個別に操作していたが、ネットワークでつながることで、一つのリモコン、あるいはパソコンやスマートフォンで家庭内にあるすべての機器の操作ができるようになる。例えば、スマートフォンを使い、外出先からテレビ予約をしたり、帰宅前にエアコンのスイッチを入れたり、冷蔵庫のなかをチェックしたりできるようになる。

2.1.2 医療・バリアフリー

ユビキタス社会は、医療やバリアフリーの問題を解決できる道筋を示してくれる。病院で治療を受けるとき、病名や治療の内容を記録するカルテが作られる。カルテはそれぞれの病院で作られるため、別な病院で治療を受けるときは、前の病院でのカルテのコピーを

持って行くか、検査を受け直したりしなければならない。医療情報が一元化されれば、一つの病院での治療情報は他の病院でもネットワークを介して利用することができる。家の近くの家庭医にかかり、精密な検査が必要なとき大学病院などの大きな病院に行くことがある。情報を一元化することで家庭医のカルテを大学病院から参照でき、大学病院と家庭医の連携が密接になる。

ユビキタス社会では障害のある人への支援もしやすくなる。例えば、センサーを家のなかや道路に配置することで、視聴覚障害者が自分の位置を把握でき、安全に移動できるようになる。個人情報の認証をICカードに保存することで、高齢者が公共施設や交通機関を自由に利用できたり、ICカードに組み込まれたチップが身体障害やケガの情報を発信し、公共の場所に置かれたイスをはじめ、トイレ、エスカレーターなどの設備が情報をキャッチし、障害の程度に応じた対応をしたりすることができるようになる。

2.1.3 車

従来のカーナビは、衛星から得た位置情報をもとに、運転の道のりを示してくれるが、ユビキタス社会のカーナビは、カーナビ同士がネットワークでつながり、それぞれの車のスピードと位置をネットワーク上で自動的に集約し、運転手に伝えることができる。1台1台の車の位置とスピードを集約することで、どこで渋滞しているかという情報を的確に示してくれる。

また、車がレーダーを発信し、前の車や白線を関知しながら自動的に適切な車間距離を保ったり、脇道にそれないように制御したりして、事故を防止したりする。

2.1.4 教育

ユビキタス社会では、従来の通学して学ぶ学校教育に加え、いつでもどこでも学ぶことのできる生涯学習が充実する。学校を卒業すれば、学習が修了するのではなく、生涯を通じて学び続ける環境が作られ、学習者の目的やニーズに合わせて柔軟性のある学習が実現する。eラーニングに移行し、個別のニーズに応えた学習がインターネットを介しておこなわれ、いつでも、どこでも学ぶことができるようになる。例えば、キャリアアップを図るため、新しい知識や技能を身につける学習をしたり、趣味のグループがネットでつながり情報を交換したり、対面での学習に加え、インターネットを介して、互いに教え合う、学び合うコミュニティが形成され、学習者が主体的に学ぶ環境が整えられる（大島、2005）。

2.2 ユビキタス社会の課題

ユビキタス社会とは、コンピュータがネットワークにつながり、いつでもどこでもアクセスできるような環境だと説明した。便利な社会はよいと手放しで喜ぶのではなく、私たちにそのような生活が本当に必要なのか検討することは重要である。もちろん、私たちが望むか、望まないかにかかわらず、テクノロジーは急速に進歩し、新しい社会が作られつ

つあるのも現実である。ユビキタス社会の出現によって、これまでの課題がどのように解決されるのか、そして「私たちは何を目指しているのか」を自覚することが求められる。テクノロジーは、良い面と悪い面の両方を兼ね備えており、テクノロジーをうまく使いこなすためにどのようにテクノロジーとつきあっていったらよいか、批判的にとらえなければならない。

　私たちは、もう水道や電気などのインフラのない社会で暮らすことができないのと同様に、コンピュータやネットワーク抜きの社会では暮らすことはできなくなっている。電気が止まったり、ネットワークに障害がおきたりすると、日常活動に大きな支障がおきる。2011年におきた東日本大震災により、原子力発電所で事故がおき、原子力抜きでは電気供給も十分でないことが浮き彫りになった。水道と同じように、電気が止まれば、ネットワークも十分に機能しなくなり、情報のやり取りも難しく、社会全体の機能が麻痺してしまうという状況がおきる。情報インフラをどのように維持管理していくべきか、これからの大きな課題といえる。

　ユビキタス社会は、個人情報を吸い取られる社会でもある。街にはいたる所にビデオカメラが備え付けられ、人々の安全を確保しようとしている。しかし、それは誰がいつ、どこにいるか簡単に特定できるため、プライバシーの侵害にもつながる。また、ネットを通して商品を購入すればその情報が集約される。それはまさに、個人の購買行動がすぐに特定される監視社会であるといえる。個人情報は、意識するしないにかかわらず、ネットを通じて集約され、いつでも誰かに利用されてしまう。例えば、本の購入履歴を解析することで、読書の傾向をつかみ、それぞれの人の読書にあった広告が個人宛に送られてくる。地図情報だけでなく、グーグルストリートビューでは、道路の映像がアップされ、街の景観が手に取るようにわかる。

　ユビキタス社会ではインターネットを介してさまざまなやりとりができるので、便利な生活を送れる一方で、私たちのプライバシーはなくなっていく。私たちひとりひとりが情報の発信者でもあり、受信者にもなるため、ユビキタス社会の光と影を十分に理解したうえで、活用する力を身につけることが求められてくる。

2.3　ユビキタス社会のミュージアム

　ユビキタス社会のミュージアムは、どのようなものになるのだろうか。従来のミュージアムは「もの」を保管しておく場所としての機能を持っていた。「もの」とそれにまつわる情報を集め、管理し、公開することがミュージアムの役割である。情報は、従来アナログデータとして紙に保存されていたが、次第にデジタルデータに変換され、ネット上でも公開されるようになる。バーチャルミュージアムは、ネット上に公開されたミュージアムである。CGを駆使したインタラクティブなバーチャルミュージアムでは、実際にミュージアムに出かけなくても、ネットを通じてミュージアムに置かれている「もの」について

さまざまなことが学べる（吉田、2001）。

　ネットに公開されたバーチャルミュージアムだけでなく、ユビキタス社会ではあらゆる場所がミュージアムになる可能性を秘めている。私たちは、スマートフォンを携帯して、街に出かける。街で出会った人、建物、人工物、景観からいろいろな情報を得て、学ぶことができる。例えば、興味深い建物を見たとき、写真に撮りネットで調べると、その建物の由来やエピソードを引き出すことができる。公園に置かれている彫刻の前に立つと、スマートフォンがその彫刻に関する情報を知らせてくれる。きれいな花を見たときに、スマートフォンはその花の名前、花言葉、育成方法などを教えてくれる。こうとらえると、私たちが住んでいる街全体がミュージアムになる。京都のいろいろな神社や仏閣を訪問するとき、ミュージアムに展示されている情報を引き出すだけではなく、その場所に関連した映像も視聴できたりする。街並みそのものにCPUが埋め込まれ、スマートフォンとインタラクティブに情報をやりとりし、情報を取り出せる。ユビキタス社会では、私たちの身の回りがもうミュージアムなのである。
（久保田賢一）

〔参考文献〕

深谷昌志・深谷和子・高旗正人（2010）『ユビキタス社会の中での子どもの成長：ケータイ時代を生きるこどもたち』ハーベスト社

橋本良明（2008）『メディア・コミュニケーション学』大修館書店

香取淳子（2002）『情報メディア論』北樹出版

マクルーハン（1987）『メディア論』栗原裕・河本仲聖訳　みすず書房（McLuhan, M.(1964). *Understading Media: The extension of man*. McGraw Hill.）

マクルーハン（1991）『機械の花嫁』井坂学訳　竹内書店新社（McLuhan, M.(1951) *The Mechanical Bride: Folklore of industrial Man*. The Vangard Press.）

水越伸（1993）『メディアの生成：アメリカ・ラジオの動態史』同文館

諸藤絵美・渡辺洋子（2011）「生活時間調査から見たメディア利用の現状と変化」『放送研究と調査』6月、48-57

オング（1991）『声の文化と文字の文化』桜井直文・林正寛・糟谷啓介訳　藤原書店

大島淳俊（2005）「現代の潮流　ユビキタスラーニング（u-Learning）：ユビキタス技術による新しい学習者中心の社会へ」『UFJ Institute report』10(4)、36-54. UFJ総合研究所

トマセロ（2006）『心とことばの起源を探る』大堀壽夫・中澤恒子・西村義樹・本多啓訳　勁草書房（Tomasello, M.(1999). *The cultural origins of human cognition*. Cambridge, MA: Harvard University Press）

吉田栄人（2001）「サパティスタ未来世紀：市民活動の夢と現実のはざまに」『ラテンアメリカ・カリブ研究』第8号、pp.48-59.

吉田憲司（1999）『文化の「発見」：驚異の部屋からヴァーチャル・ミュージアムまで』岩波書店

吉見俊哉・若林幹夫・水越伸（1992）『メディアとしての電話』弘文堂

ミニ演習問題

1. あなたは、普段、情報をどのように入手しているか。情報の入手方法について考えてみよう。例えば、パソコンや携帯電話など、高価なものを購入するとき、その製品を選ぶために、どのようなメディアからどのような情報を入手したか。その製品を購入する時の判断材料は何か。自分自身の行動を分析してみよう。

2. 街で何かおもしろいものを発見したときに、それにまつわる情報をどう収集するか。例えば、道路に植えられている木の名前を知りたいとき、近くのお寺の歴史に興味を持ったとき、あなたはどのように必要な情報を見つけるか。実際に試してみよう。

第3章

博物館はメディア：
博物館とメディアの発展史

1. 市民の登場とメディアの役割

1.1 メディアとしての博物館

　国立民族学博物館の初代館長を務めた梅棹忠夫（1920-2010）は、博物館は「メディア」だと鋭く表現した。「劇場」の例えも秀逸である。博物館という舞台で、資料たる「俳優」がドラマを演じる。そして全身をアンテナにして情報を享受する「観客」がいる。

　まさにこの「メディアとしての博物館」の発展史を、本章では論じる。展示を支えるさまざまな機器はメディアと呼ばれるが、本章は広義の「メディア」をとらえることから始めたい。博物館そのものが教育機能をもつメディアだといえるからだ。そして博物館誕生の前提には観客たる「市民」が不可欠である。本章では近代国家と市民社会が擁立されるなかで、博物館で「教育」という公的な劇が演じられるようになった18世紀以降を見ていく。

　フランスで文化相も務めた作家、アンドレ・マルロー（Andre Malraux, 1901-1976）もまた、歴史の浅い美術館が、「もの」を「作品」へと変えたと述べる。宗教絵画などが信仰や地域の文脈から切り離され、自立した「作品」として「鑑賞」の対象となったのだ。

　誤解を恐れずにいえば、博物館にはある種の外連味（けれんみ）が求められる。梅棹は博物館を、ドラマが演じられる劇場に例えた。マルローは、「もの」を「芸術」に変貌させる装置として近代の美術館を表した。この意味で博物館は、近代特有の価値観を「資料」によって視覚的に提示し、さらに人々に「鑑賞」を求めるメディアとして誕生したといえる。

　文化史研究者のバーバラ・スタフォード（Barbara M. Stafford, 1941-）は、18世紀の好事家の陳列室を「視覚スペクタクル」と特徴づけた。エンターテインメント性の高い大衆的「見世物」は、教育の場にも視覚的インパクトを与えていく。もちろん、教科書どおりの知識をなぞる展示は重要である。その一方で、「当たり前」の世界観や視界が揺さぶられることも、人の学習プロセスには不可欠である。文字に比べ視覚メディアは、より直接的に人の感覚に訴える。近年は映像や振動、香りまで駆使した展示装置も見受けられる。「役者」である資料を引き立てる道具類といえようか。

　五感を通して「知」の世界をつくる教育メディアとして博物館は期待されうる。本章では、博物館が市民教育機関から参加型の現場へと発展する歴史を見ていきたい。

1.2　陳列から展示へ：18世紀前後の博物館メディアの変容

　コレクションやそれを見せる施設は人間の歴史とともに存在し、それぞれの時代で知的

薫陶をもたらすメディアとして機能した。初期の例は、博物館（Museum）の語源となった古代アレクサンドリアのムセイオンである。今日の大学にあたる教育機関で、図書館や音楽室、動物舎も備えた知の殿堂であった。その後も宮殿や神殿、邸宅で粋を集め贅を尽くしたコレクションが教育や文化の営みを深化させていくが、一握りの特権層に限られたメディアともいえる。一方で、庶民に親しまれた教会や、そこでの宗教画、聖遺物の展示なども博物館前史に位置づけられよう。それらは地域の教育や文化を育んでいく。

16世紀以降は新たな種類の陳列が生まれる。大航海時代を迎え、特権層や裕福な商人などのコレクターが自らの美的感覚に適った物品を陳列し公開した。それらは「珍奇の部屋（cabinet of curiosities）」と呼ばれ、アフリカの昆虫標本からローマの武具にいたるまで、さながら小宇宙（ミクロコスモス）のような空間が作られた（図1）。

図1　オーレ・ワームの「珍奇の部屋」
17世紀前半のキャビネット型展示の例。コペンハーゲンの医師によるコレクション。（Wikipediaウェブサイトより転載）

思想史研究者のクシシトフ・ポミアン（Krzysztof Pomian, 1934-）は、これらの陳列部屋を「世界の縮小模型を提示し、人の目から隠された全体を、生物や物の各範疇の見本によって目に見えるものとするという、百科全書的目的をもったコレクション」と表現した。キャビネットは、独特の世界観とはいえ、まさに世界を百科事典（エンサイクロペディア）のように表そうとしたメディアであった。

知をエンサイクロペディア化する志向は、教育の場にも現れた。17世紀半ば、教授学の祖と呼ばれるヨハン・コメニウス（Johann A. Comenius, 1592-1670）は「あらゆる事柄をあらゆる人に教授する」という教育理念のもと、世界初の絵入り教科書とされる『世界図絵』を刊行した。地理や生物、職業、倫理など世界の「すべて」を、キリスト教の世界観と異なる地動説や人間の解剖図までも、150項目にわたり図説された。

『世界図絵』の魅力は、絵入り教科書とされるように、「あらゆる事柄」を図示した点にあろう。学校はいわば文字の教育をおこなう場であるが、実物や絵図による視覚体験のインパクトは文字に比べ大きい。当時の西欧で古語となっていたラテン語が教育現場で使われていたように、文字は「支配層の文化」で公的な書き言葉であったとすると、「もの」にもとづく視覚体験は日常的な話し言葉、つまり庶民や市民の文化に近い。実際に『世界図絵』は、各国の母語に訳され19世紀まで欧米で広く使われた。

ところで、ある世界を鳥瞰させるメディアであるキャビネット型展示は、18世紀以降の技術の発達によって多彩に、また学術的に組織化されていく。アルコールを用いた保存技術により、生体標本の収集、公開が可能となったのである。博物学者の荒俣宏（1947-）は、いわば乾物の薬種商からビン詰め肉の食料品店へと展示風景が一変したと表現した。例えばアムステルダムのロイス博物館では、人間の骸骨や内臓、寄生虫などの美しく彩色された解剖学標本や絵画が観覧者を驚嘆させたという。

当時の医学、動物学などにもとづく展示は、グラスゴーのハンター博物館、オックスフォードのアシュモレアン博物館などが草分けである。学術的な分類がなされたという意味で、それまでの博物館的施設とは一線を画していた。1753年設立の大英博物館、1828年に動物園を開設するロンドン動物学協会（ZSL）なども体系的な展示がなされた。資料の保存技術の発達と並行して、荒俣によればむしろ保存技術にうながされ、学術研究が急速に発展し組織化された。そして非日常の世界を見せたキャビネットは、学術的に「正統」で教育的な博物館へと変容していく。

美術の「作品」や研究についても、美術館の成立とともに正統化、体系化されていく。今日のルーヴル美術館は17世紀末に王立美術アカデミーの展示場となり、天井から床まで埋め尽くす陳列をしていた。フランス革命で1793年に「国の美術館」となって以降、ナポレオンをはじめときの権力者によってコレクション、設備が充実され、西洋美術だけでなくアフリカなどの美術工芸や民族学、古代史などの学術研究を育む施設となった。

1.3 大衆メディアの発達と博物館

欧米では産業革命と植民地政策を背景に、大衆がメディアを通して大量の情報を享受できる、人とメディアの新しい関係が生まれた。新聞、雑誌などの印刷物をはじめ、娯楽施設や百貨店などの商用施設が普及する。本書の第2章で述べられたように、電信電話、交通網、そして写真、ラジオ、映画などの発達により、現実の「もの」や場所、時間の概念も変化していく。実際の場所や時間にとらわれず、海外や過去の、ときには空想の物品や出来事を見聞し、大勢が一時に楽しめる工夫がなされていく。19世紀半ばに誕生した万国博覧会も、当時最先端の事物と情報が集まるエポック・メーキングなメディアとなった。

1851年、ロンドンで最初の万博が開催される（図2）。最盛期のイギリスならではの、鉄とガラスの巨大な主会場「水晶宮」に植民地や諸外国の美術工芸品、工業製品などが集

められた。膨大な陳列に加え、蒸気機関を動かす実演や各国の飲食施設も並び、五感で「万国」を堪能できる空間が創出された。万博は西欧、さらにアメリカで国を挙げて開催されるようになる。美しい照明や「動く道路」「光のワルツ」が披露されて「電気」の可能性が示されるなど、万博は最先端の産業や文化を示す国家のショールームとなり、新しい分野の芸術や産業の価値基準を生み出す公的機関となった（図3）。

図2　1851年ロンドン万国博覧会の水晶宮
噴水や楡の木を覆う巨大な主会場に多くの人々が行き交う。入館料が安い日は、いっそう混雑した。（国立国会図書館ウェブサイトより転載）

図3　1893年シカゴ万国博覧会　電気館のエディソンタワー
当時のアメリカの最先端の技術である、高架鉄道、電気ボート、動く歩道、そして美しいイルミネーションが観覧者を驚かせた。（国立国会図書館ウェブサイトより転載）

万博終了後は資料や建物を引き継ぎ多くの博物館が設立された。草分けはロンドン万博後のサウスケンジントン博物館である。装飾業を始めたばかりで万博で入選したウィリアム・モリス（William Morris, 1834-1896）が博物館資料の選定委員を務め内装にも携わったように、従来の学術研究や純粋美術を超えた新しいジャンルの実験的なメディアとなった。後に美術部門はヴィクトリア・アンド・アルバート美術館（V&A）、科学部門はロンドン科学博物館へと分化し、多様な分野の発展を牽引していく。

万博は水族館も生んだ。1852年にはロンドン動物園附属のフィッシュ・ハウス、1878年にはパリのトロカデロ水族館などが設立された。止水水槽、さらに海水の砂濾過装置と強化ガラスの開発により、海の生物が泳いでいる様子を都市で鑑賞できるようになった。このように博覧会は新しい価値体系を育み、見せる技術を発達させるとともに展示を楽しむ大衆そのものを掘り起こしたといえる。

20世紀初頭にかけて博物館も新しい分野を創出していく。1881年に大英博物館から独立したロンドン自然史博物館は、ダーウィンの進化論にもとづき膨大な標本を展示した。学術研究や純粋芸術だけでなく、庶民の生活文化も「見せる」対象となる。1878年のパリ万博でスウェーデンの農村生活を民族衣装で演じる「生きる絵画」が話題を呼んだ。出品者のアルトゥル・ハーツェリウス（Artur Hazelius, 1833-1901）は、ストックホルムでスカンセン（Skansen）と北欧博物館（Nordiska museet）を開設し、産業化で衰退する地方農村の建物や生活用具を「そのまま」展示した。

また、サウスケンジントン博物館は朝食も出す本格的な食堂を開設した（図4）。スカンセン、ニューヨークのメトロポリタン美術館に置かれた食堂も流行の社交場となった。飲食施設は資料管理のリスクをともなうが、来館者の楽しみを優先させたのだ。国内外の万博を契機に旅行会社も誕生し、観光産業も拡大していく。都市の眼の肥えた大衆に向けて、博物館は見せ方、楽しみ方を意識したメディアとして変貌していく。

図4　サウスケンジントン博物館内の食堂
サウスケンジントン博物館の「グリル・ルーム」。焼きたてのステーキが出される一等席、安価で庶民的な料理がいただける二等席があった。（Victoria and Albert Museum ウェブサイトより転載）

2. 市民教育施設としての博物館

2.1 教育の意図をもつ博物館の誕生

　博物館が、市民教育を担う公のメディアとして期待されるようになるのは、19世紀後半以降といえる。それは2種類の期待であり、第1は青少年や成人を対象とした市民教育のメディアとしての機能である。第2は、学校教育を補完する役割といえよう。

　第1の期待の背景には、産業と都市社会を担う膨大な「市民」に向けた、フォーマルな学校や職業訓練機関とは異なる、公的な市民教育の「場」が必要とされたことがある。当時は10歳代も一人前の労働力であり、青少年が市民としてふさわしい教養や規範意識を身につけるための、禁酒運動や労働者教育機関などが組織され始めた。商業施設や娯楽遊興とは異なる、「善い」余暇活動の場として博物館は位置づけられていくのである。

　第2の期待は、学校を補完する役割である。欧米国家は公教育制度を敷き、18世紀には学校が普及していく。しかし、多くの子どもは10代前半で学校を離れていく。中等教育、高等教育を受けていない市民に向けて、博物館は展示を工夫し、教育事業を展開していく。また、後述するとおり学校教育そのものへの支援もおこなうようになる。

　今日のヴィクトリア・アンド・アルバート美術館とロンドン科学博物館の前身にあたるサウスケンジントン博物館は、この二つの期待を一身に負った初めての国家による博物館といえよう。初代館長のヘンリー・コール（Henry Cole, 1808-1882）は、労働者向けの夜間講座を開いた。一部有料であるが、ガス照明や音響、食堂が完備された大講義室で、指定席で聴講できる講座は人気を集めた。美術工芸史や動物学など、学術的なテーマに沿った教養講座が中心で、実用的なものは学校教師対象の科学講座や女性職人を養成する陶板装飾の講座などがあった。資料貸出もおこない、地方の成人教育講座もうながした。1910年代より電気照明が導入され、冬の午後の一般公開も可能となった。

　コールは、博物館は「あらゆる人々の教室」だと宣言したが、講義形式の教養的講座には批判もあった。おそらく世界で初めての「教育展示室」も開設されるが、説明文が多く「教育」の目的が強調された展示は人気のあるものではなかった。元ヴィクトリア・アンド・アルバート美術館教育部長のウェールズ国立博物館館長、デヴィッド・アンダーソン（David Anderson, ?-）は、学校教育の「言語知」に対峙できる「もの」にもとづく（object-based）知の体系や学習理論がいまだに確立されていないと述べている。しかしサウスケンジントンでは、最先端の設備でのアカデミックな講義や職業教育に多くの市民が集まり、美術工芸といった新しいジャンルと、その担い手が育まれたのである。

2.2 19世紀後半以降のアメリカと日本の博物館の特質

　同じく「教育」を重視しながら親しみやすい展示が追求され、その手法が世界的なスタンダードとなっていくのがアメリカの博物館である。1910年開設の国立自然史博物館（NMNH）の前身となるスミソニアン協会の博物館の館長、ジョージ・ブラウン・グッド（George Brown Goode, 1851-1896）は、著名な魚類学者でありながら、専門的な展示というより一般大衆向けのわかりやすい展示を重視した。話題性のある特別展や、国内外の博覧会への出展も積極的で、幅広い観客に向けて自然科学の魅力を示そうとした。

　アメリカの一般大衆を意識した手法は、20世紀に入りいっそう洗練されたものとなる。1929年に開設されたニューヨーク近代美術館（MoMA）で、若くして初代館長に就いたアルフレッド・バー・ジュニア（Alfred Hamilton Barr, Jr.,1902-1981）は、斬新な展示手法を編み出していく。大部屋の壁面に隙間なく作品を並べ装飾する従来の展示と異なり、人間の目の高さ（視覚帯）を基準に他のものが視界に入らないよう、厳選した数の作品を陳列し、集中して作品を鑑賞できる工夫がなされた。「ホワイト・キューブ」と称されるMoMAの展示手法は今日では「当たり前」となった。いわゆるファインアートだけでなく、アメリカやアフリカの「アート」や児童画を扱ったことも画期的であった。

　同様に日本でも、一般大衆向けのメディアとして博物館が誕生する。開国したばかりの明治政府は、ウィーン万国博覧会に向けて各地の優れた寺宝や特産品、図画などを納めさせた。出展の前に「文部省博覧会」として1872（明治5）年に一般公開し、これが日本初の「博物館」といわれている。会場は文部省が置かれた湯島聖堂で、名古屋城の金鯱やアルマジロなどの剝製、生きた魚の展示が人気を集めた（図5）。また、1877（明治10）年より上野や大阪で内国勧業博覧会が開催された。これらは今日の東京国立博物館や国立科学博物館、国会図書館の前身となっている。

図5　昇斎一景「元昌平坂聖堂ニ於テ博覧会図」
1872（明治5）年に湯島聖堂で開かれた「文部省博覧会」。名古屋城の金鯱や陶製鉢の「おおさんしょううお」などを多くの人々が鑑賞した。（写真提供：斯文会）

内国勧業博覧会では優れた出品に賞が与えられ、陶芸や工業機械などの発達がうながされている。美術史研究者の木下直之（1954-）は、浮世絵などの技法を受け継ぎつつ欧米の画法を取り入れた色彩豊かで写実性、話題性に富んだ油絵やパノラマ写真など、ファインアートとは異なる庶民的でやや猥雑な「見世物」が、「美術作品」と位置づけられた過程を明らかにした。政府主導で生まれた日本の博物館は、「美術」などの新しく生み出された価値基準を示す、教育啓蒙のメディアとしての役割が発揮されたといえる。

2.3　児童中心主義の教育と子ども博物館

　近代博物館は成人教育のメディアとして機能したことを2.1、2.2で述べてきたが、さらに博物館は、学校を補完するメディアとしての役割を発揮したといえる。

　学校教育の補完としての役割は二つある。一つは、学校の授業内容をより豊かにする、観察・実験をしたり発展的な資料を提供したりする機能である。もう一つは、学校で十分な教育を受けられない子どもへの学習支援である。

　博物館のコレクションが学校で期待された背景には、実物教育や実験、観察の授業が盛んになってきたことがある。オスカル・フォン・ミラー（Oskar von Miller, 1855-1934）が1903年に始めたミュンヘンのドイツ博物館は、蒸気機関の実演や坑道の実物大の模型などにより、科学技術を実体験できるメディアとなった。イギリスでは、19世紀半ばから学校への資料貸出が始められている。ロンドンの大英自然史博物館は、20世紀初頭に講師や模型、剥製を制作する専門職を置いている。2回の世界大戦では、疎開した資料を地方で見られたり、男性職員が出征したため親しみやすい女性職員が増えたりして、皮肉にも博物館の教育機能が高められた、という説もある。

　また当時、「教材（teaching materials）」の開発、導入が進められたことも実物教育をうながした。古くは、世界初の幼稚園を創設したドイツのフリードリヒ・W・フレーベル（Friedrich Wilhelm Fröbel, 1782-1852）の積み木（恩物）が有名である。20世紀初頭、イタリアで保育所「子どもの家」を運営したマリア・モンテッソーリ（Maria Montessori, 1870-1952）は、知的障害児の教育をもとに感覚訓練の教材を開発した。製品化された教材は欧米、そして日本で、幼稚園から中等学校にいたるまで、現在も活用されている。

　一方、子どもの興味や作業を重視した教授法は「児童中心」の教育と呼ばれ、アメリカで急速に進展した。19世紀末からシカゴ大学附属小学校で実験的な教育を始めたジョン・デューイ（John Dewey, 1859-1952）は、社会生活で営まれる料理や編み物などを教室に持ち込み、子どもの自主性を尊重した「作業」をおこなわせた。児童中心主義の教育は新教育運動と呼ばれ欧米、そして日本でも広がり、学校での一斉教授や言語学習のアンチテーゼとして、個別学習や体験型の教育方法を育んでいく。

　子ども博物館（children's museums）の嚆矢は、ニューヨークで1899年に設立されたブルックリン子ども博物館と、1913年設立のボストン子ども博物館である。自然史や美術、

民族学などの資料に実際に触れて体験でき、幼児や学校児童に親しまれた。アメリカの生活や文化に馴染んでいない多様な民族の子どもにとっても、言語でなく「もの」を介したメディアである子ども博物館は、有益な学習の場として期待された。

　メディアとしての博物館の歴史のなかで、子ども博物館はいわば革命児であった。今日、子ども博物館は全世界で300にのぼり、なかには「ノン・コレクティング・ミュージアム」と標榜する館もある。体験活動を優先し、「本物」を扱わない子ども博物館や移動展覧会がヨーロッパでは20世紀後半にならないと普及しなかった大きな理由は、一次資料（オリジナル）へのこだわりが強かったためではないだろうか。博物館で扱う資料や情報、また博物館で学ぶ内容や方法はどのようなものか、という根本的な考え方は、子ども博物館や複製（レプリカ）、また展示装置などの登場によって転換を迫られたといえる。

3. 市民教育から参加へ：博物館の新たな展開

3.1 20世紀後半における教育メディアとしての博物館の発達

　子ども博物館のように体験活動を重視したり、主に写真や複製を展示したりする博物館の登場は、教育メディアとしての博物館の役割に、きわめて根本的な問いを投げかけた。レプリカや模型、解説パネルといった、それ自体では資料的な価値をもたない「もの」を用いて、体験的な手法を使って、学校の授業で学ぶ知識を効率的に習得させる「ツール」としての役割が求められているのだろうか。博物館で学ぶ事項は意図された「メッセージ」であり、来館者は既存の知識や技術の受け手に過ぎないのだろうか。展示品に触り、身体を動かして充足感を得られれば「体験型」なのか。

　同様の問いは、1960年代以降に科学館などの「収蔵品をもたない」博物館が、さらに1990年代以降「バーチャル・ミュージアム」が急増したときにも繰り返された。

　1969年、サンフランシスコに開設されたエクスプロラトリアム（Exploratorium）は、自然科学の原理や応用科学をユニークな展示装置で体験できる大型の科学館で、国内外の科学技術系の博物館や展示に大きな影響を与えた。1960年代前後より科学館が急増すると同時に、高精細で大型の映像装置の開発によりプラネタリウムも普及する。1967年のモントリオール万博で公開され、1970年の大阪万博で話題を集めたドーム型の投影装置（IMAXシアター）は、峡谷や深海を鳥や魚の視点で総観できる映像が楽しめ、経済成長を遂げた日本で多く導入されるようになった。

　こうした科学技術系の博物館や展示技術が発達した背景には、東西冷戦期の理数系教育の奨励策がある。科学技術系の学術団体や産業界を巻き込んだ「教育の現代化」と呼ばれる教育運動はアメリカからヨーロッパへ、そして日本にも広がっていく。コンピューターを活用した個別学習プログラム（ティーチング・マシン）や優れた教育映像、放送教材（アメリカの'Powers of Ten'、日本の「たのしい科学」など）が制作されたのもこの頃である。科学館は理数系教育の拠点として期待され、日本では1964年に国立の科学技術館が開設され、宇宙船アポロが持ち帰った「月の石」の展示などで多くの来館者を集めた。

　子ども博物館も体系的な教育を意識する動きが見られた。ボストン子ども博物館は、1960年代に広く普及した教育理論（「スポック博士」の育児書）の導入を掲げると同時に、資料に触る体験活動を最優先する「ハンズ・オン」と呼ばれる教育理念を提唱し、多くの博物館に影響を与えた。1962年にアメリカ子ども博物館協会（ACM）も創設され、博物館において「ハンズ・オン」は一つの教育運動となった。

これらの影響を受け、ベルギー（1976年）、イタリア（1997年）などに子ども博物館が、1994年にヨーロッパ子ども博物館協会（Hands On! International）が創設された。古参のロンドン科学博物館では1986年に体験型の展示（Launch Pad）が開設されている。

大阪万博をルーツに1977年に公開された国立民族学博物館は、「博物館はメディア」と意義づけた館長、梅棹忠夫のもとで展示用の機器の開発と導入に積極的であった。代表的な装置には国内外の生活、儀礼などの映像が見られる「ビデオテーク」システムがある。急増する博覧会や博物館の展示を支える民間の専門業者やシンクタンクも生まれる。

3.2 価値を創出する「参加体験型」に向けて

1990年代以降はインターネットの開発普及により、博物館をめぐる情報環境は一変した。バーチャル・ミュージアム、電子博物館ということばが生まれたが、「リアル」な収蔵品も建物も持たない館は「博物館」なのかどうか、あらためて議論が交わされた。

資料の「鑑賞」に対し写真などの複製技術が変化をもたらした問題については、ドイツの思想家、ヴァルター・ベンヤミン（Walter Benjamin, 1892-1940）が、20世紀前半に指摘していた。かつてひとりひとりが個人的な見方で親しんだ芸術作品が、複製品によって大衆による「同時的集団的鑑賞」の対象に、それも批評の対象となったのだ。しかしベンヤミンは、作品の役割は「終わった」と考えない。大衆に直接対峙し、「あたらしい需要をつくりだす」ことこそが芸術の課題だと述べている。

近代博物館は、いわばアカデミックな「知」を啓蒙する市民教育メディアとして機能し、現代においてその任務は「終わった」のではないだろうか。そして、現代の博物館はあらたな社会的役割を担うメディアへと変容しつつあるといえる。その一つのベクトルとして「参加体験型」は強く意識されてよいだろう。「知」そのものを創出する過程に市民自身が加わることは、多くの思想家が描いた未来図であったが、情報技術（ICT）の発達や人的、物的なネットワークの拡大によって「リアル」に近づいている。

例えばアルゼンチンの認知心理学者、アントニオ・バットロ（Antonio M. Battro, 1936-）は、エルミタージュ美術館の絵画鑑賞プログラム（QBIC）やMoMAの「ネット通販」を引合いに出し、ICTは博物館の教育サービスの隙間（ニッチ）を掘り起こし、新しい可能性を開いたとする。そして、アンドレ・マルローの「空想美術館」の概念をふまえ、単に作品のイメージをそのまま再現するだけでなく、多様な音や人を巻き込んでいく音楽のセッションのような「再構築」の役割を博物館に期待した。

現代ではネットワークを活かして言葉や場所、宗派など、場合によっては時間を超えた映像や物象を集積し、いかようにも編集し公開できる。近代博物館以前のキャビネット型展示が、いわば海の物とも山の物ともつかない物品を大胆に構成して独自の世界観を表し、観覧者の批評をうながした。現代の博物館も同様に、既存の価値の「再構築」を目指し、カオスのような段階から多様な観点を巻き込むことに躊躇すべきでないだろう。この意味

での「参加体験型」のメディアとしての役割が、博物館に強く期待されよう。

「参加体験型」というフレーズは、既に使い古された感もある。しかし誤解を恐れずにいえば、単に身体を動かしたり、展示品に触ったり、「ワークショップ」で何かを作ったりすることが「参加体験」と見なされ、その充足感が過大評価される傾向はないだろうか。

この問題は、前述のベンヤミンも示唆していた。大衆は、チャップリンのような映画には寛容な一方で、静的な絵画に対しては保守的な態度で評論家のように批判するという。動く映像そのものが珍しかった時代、映画は感覚的なインパクトが大きく、論理的な批評の対象からすり抜けてしまったようである。今日でも、資料そのものの価値をじっくり噛みしめるより、「体験型」の動きや刺激が過度に歓迎されてはいないだろうか。

「知」を再構築するという意味での「参加」は、資料の収集保存や展示の文脈の「外」としての教育事業においてではなく、資料をめぐる営みの「なか」で行われるものである。オーソライズされた資料の回顧展というより、オーソライズする過程への「参加」であり、多様な観点から、新たな専門分野や「鑑賞」の手法が作られることもあるだろう。いわばICT時代の「キャビネット」として「知」を再構築するメディアとしての機能が、今日の博物館に求められている。一つの原風景として、ある「雑貨店」を紹介して本章の締めくくりとしたい。図6は、障害をもつ作家の作品を扱う。「アウトサイダー」で「かわいそう」だから買ってあげるのでなく、魅力ある作品や関連商品を「正当な値段」で扱う。作家や福祉施設などと「値段」を高めていくプロジェクトといえ、一般の人々は商行為をとおして価値づくりの過程に参加できる。博物館では商活動の介在に限界があるが、今日的な参加型のチャンネルを強化、増設する必要があるだろう。 （梨本加菜）

図6　マジェルカ（東京都杉並区）の店内
主に知的障害、精神障害をもつ作家の作品やカラフルで洗練された関連商品が並ぶ。（写真提供：マジェルカ）

第3章 博物館はメディア

〔参考文献〕

荒俣宏（1992）『目玉と脳の大冒険：博物学者たちの時代』（ちくま文庫）筑摩書房
ウェシュラー、ローレンス（1998）『ウィルソン氏の驚異の陳列室』大神田丈二訳　みすず書房
梅棹忠夫（1987）『メディアとしての博物館』平凡社
木下直之（2010）『美術という見世物：油絵茶屋の時代』（講談社学術文庫）講談社
コメニウス、J.A.(1995)『世界図絵』（平凡社ライブラリー 129）井ノ口淳三訳　平凡社
鈴木克美（1994）『水族館への招待：魚と人と海』（丸善ライブラリー 112）丸善株式会社
鈴木眞理編集（2004）『改訂博物館概論』（博物館学シリーズ 1）樹村房
スタフォード、バーバラ（1997）『アートフル・サイエンス』高山宏訳　産業図書
ベンヤミン、ヴァルター（1999）『複製技術時代の芸術』佐々木基一編集解説　晶文社　pp. 36-43.
ポミアン、クシシトフ（1992）『コレクション：趣味と好奇心の歴史人類学』吉田城・吉田典子訳　平凡社
マルロオ（1957）「空想美術館」『東西美術論（第 1 巻）』小松清訳　新潮社
吉見俊哉（2010）『博覧会の政治学：まなざしの近代』（講談社学術文庫）講談社

Anderson, David, (1995). Gradgrind Driving Queen Mab's Chariot: What Museums Have (and Have Not) Learnt from Adult Education, in Chadwick, Alan and Stannett, Annette ed., *Museums and the Education of Adults*, Leicester: National Institute of Adult Continuing Education. pp. 11-33.

Battro, Antonio M., (2010). From Malraux's Imaginary Museum to the Virtual Museum, in Parry, Ross ed., *Museums in a Digital Age*, Abingdon: Routledge. pp. 136-147.

Henning, Michelle (2006), *Museums, Media and Cultural Theory*, (Cultural and Media Studies), Maidenhead: Open University Press, pp. 70-98.

Hooper-Greenhill, Eilean (1994), *Museum and Gallery Education*, (Leicester Museum Studies), London: Leicester University Press, pp. 25-45.

ミニ演習問題

任意の博物館について、展示や教育事業に利用者がどのように参加しているかを調べ、できれば過去の状況も調べて「メディア」としての役割を考えてみよう。

第 4 章

人と人をつなぐメディアとしての博物館：
情報とメディアの基礎理論

1. 情報とメディア

「博物館はメディアである」とよくいわれる。博物館は、単なる建物ではないし、古いものを保存して研究するだけでもない。もちろん高価な美術品や珍しい動植物を陳列して、人々を驚かせたり恐れさせたりする施設でもない。そうしたさまざまな文物を通して市民に有益な情報を伝え、社会を支えるメディアそのものだというのが、このフレーズの意味である。

近代的な意味での博物館は、市民社会の勃興とともに発展してきた。それは近代学校とともに、市民社会の発展のために不可欠な装置であった。日本の近代博物館は、1872(明治5)年に上野でおこなわれた、湯島聖堂博覧会にその端を発する。それは、ウィーンの万国博覧会に出品するものを公開する目的で開かれた、まさに近代日本のお披露目であり市民を啓蒙するメディアであった。

私はメディアである。人は私を美男だとか功徳があるとかいうが、そのデータは私のどこにあるのか。

だがしかし、情報とメディアとはどういう関係にあるのだろうか。常識的にいうと、情報はデータで、それを提示する装置がメディアだということになる。美術館や動物園も含む広い意味での博物館でいえば、美術作品や動植物や歴史的遺物は、それをメディアとして展示し、人々に美の感じや動物のデータや歴史の物語を伝えるのが、その役目だということになる。しかし、少し「情報」と「メディア」の概念を問い直すと、そこにはもう少し複雑な実際がみえてくる。

「情報」という言葉には、二つの意味でのあいまいさがある。一つは、「情報」という言葉自体のあいまいさである。もう一つは「データ」とか「知識」といった言葉との違いがはっきりしないあいまいさである。「メディア」という言葉にも、あいまいさがある。それは三つの意味で使われている。一つは、情報を組み立てて送り出す組織・マスメディアの意味である。第二にそれは、何かの物理的装置、新聞紙やテレビなどの装置で送り出すので、その送出装置それ自体をさす意味でもつかわれる。そしてさらに第三に、その装置に載せるデータは、文字や映像といった記号で表現されるので、その記号自体もメディアと呼ばれることがある。こうしてあれこれ問い直していくと、この世の中、ありとあらゆるものが情報といえるし、私たちの身の回りにあるものすべてがメディアであるといえる

ことにもなってしまう。

　博物館のことに限っていっても、事情は混みいっている。最近までは、知識の殿堂ということでどっしりと構えていればよかった。しかし20世紀の終わりから急速に発展してきたインターネット社会は、そうした観念を脅かしている。もちろん博物館でもその波に遅れまいと、デジタルアーカイブスやホームページなどで、積極的に情報を発信しようとしている。だがそれは、ある意味、近代の「啓蒙」思想から抜け出していない観念である。「情報を発信する」という考え方自体が古くなってきている。ではこれからの博物館は、どうしたらいいのか。この章では、情報とメディアの意味と関係を問い直しながら、この問題を考えよう。

2. 情報とはなにか

2.1 情報という言葉の意味

現代社会において、この「情報」という言葉ほどよく知られていて、それでいてよくわからないものはないかもしれない。それほどこの言葉が私たちの周囲に氾濫している。言葉の意味は、よほど意図的・操作的につくり出されたもの以外は、広まれば広まるほど曖昧に拡大していくものである。「情報」は、そうした言葉の典型である。とはいえ、いま流通している「情報」の意味を簡単にでもつかまえておかなくては、その先の問題にはいけないので、とりあえずの意味を理解しおきたい。「情報」の意味には、次のようないくつかがある。

◇ 歴史的意味：軍事的総合情勢（諜報活動、敵情視察）

1903（明治36）年に、森鴎外（森林太郎）がクラウゼヴィッツ（Clausewitz, Karl von, 1780-1831）の『大戦学理』（軍事教育会）のなかのNachrich（知らせ）の訳語としてつくったという説の他、それより以前に陸軍の内部資料にあったという説などがあるが、いわゆる敵および敵地に関するあらゆる資料・状況などをさしていた。しかし現在の工学的な意味で訳したのは関英男（1905-2001）であるといわれる。

◇ 常識的意味：知らせ、状況（良い知らせ、現地の情勢）

日常的には、良い情報・悪い情報といったように「知らせ」と同じ意味か、正しい情報・誤った情報といったように現地などの情勢についての「知識」をさして使われる。これらは、受け取る側にとっての利用価値を含んだものだが、新しい情報・古い情報のように時間軸を含む場合もある。

◇ 語彙論的意味：心の中で形をもつ元々のもの（整理、型はめ）

英語ではinformationである。これには、inの取り方によって二つの意味がある。formationは、「形成」「成り立ち」といった意味なので、

　　　in ＝ 内に、内へ ⇒ 中に形をつくるもの：心に形を与えるもの
　　　in ＝ 不・非・無 ⇒ 形のないもの：それ自体は形がないもの

となって、それ自体には意味がないが、それを取り込んで心を型ちづくる判断材料という意味になる。

◇ 情報工学的意味：意味を捨象した表現体そのもの（本の文字数、PC のデータ数）

意味内容をもたない、物理的・電気的記録形式の量的な単位をいう。1948 年にシャノン・クロード・E.（Claude Elwood Shannon, 1916-2001）によって提案され、二進法 binary digit の短縮語 bit で表される。私たちがよく使っている 1Byte（バイト）は、8bit（ビット）である。

明治 12 年 国産モールス印字電信機
（通信総合博物館）

◇ 生命工学的意味：生命活動に影響を与える基本パターン（DNA パターン、ホルモン）

生物の形は DNA が一種の鋳型になって、その塩基配列パターンが指示する設計図に従って作られる。生命そのものも、ホルモンの伝達や神経系の電気的な信号伝達によって維持される。こうした生物の生成・維持をつかさどるものを情報ととらえる。

他に、同じく情報と訳される英語にインテリジェンス intellgence がある。例えば、CIA（Central Intelligence Agency: 米国中央情報局）はその典型であるが、日本でも内閣情報調査室（Cabinet Intelligence and Research Office）がこの用語を使う。intelligence は、一般には知恵・知能を意味するが、こうしたように諜報を意味する場合もある。このように日本語で「情報」という場合には、information と intelligence の両方を含む。

私たちの存在自体、情報的であるかもしれない。つまり私たちの肉体は、遺伝情報によって組み立てられている。社会的には、さまざまな法律や思想という情報によって存在が定められている。法律や思想によらない人間は、ヒト科・ヒト属・ヒトという動物ではあっても人間ではない。そればかりか、宇宙も含めてこの自然界も自然法則という情報によって書かれ構築されているとみることもできる。その主体が神であると考える人々は、インテリジェント・デザイン論を唱え、知性のある何ものかがこの精巧・精妙なる生命・宇宙をつくったと唱える場合もある。こうした論は、アメリカの反進化論者にみられる。

2.2 データと情報と知識の関係

「情報」と同じような意味で用いられる言葉に、「データ」と「知識」がある。これら三つの言葉の関係はどうなっているのか。もちろんこれにも、決まった用法はない。ただし、その意味の価値的な次元でみると右図のような関係は認められる。

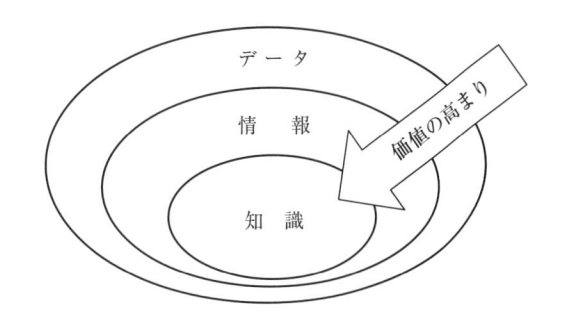

「データ」は、まだ何も分析・意味づけられていないただの記号次元である。工学的ないい方をすれば、大きさだけをもつスカラー量の次元である。それに対して「情報」は、その意味づけがなされ価値づけられた次元で、確からしさや良い悪いといった評価がされたものである。工学的ないい方だと、大きさだけでなく方向も与えられたベクトル量の次元である。そして中心の「知識」は、そうした評価をへた情報のなかでも、より確実性を増した安定した情報で、実際の行為の成功に関わっているものである。こうして、データがより高く価値づけられるにしたがって「情報」となり、さらに「知識」と呼ばれるようになる。

　こうした関係は認められるが、実際にはそれぞれが越境して、互いにそれぞれの意味合いで用いられることも珍しくない。なぜならこのベン図は、実体的なものの区分を表すのではないからである。つまり「データ」「情報」「知識」というのは、なにかそれ自身で固有の性質をもつ実体概念ではない。これらは、私たちの実際の行為との関係で決まってくる関数概念であることに注意してほしい。脳や紙やディスプレイに現れてくるしかじかの記号は、私たちの行為に果たす役割が高いほど、ただの「データ」から「情報」といわれ、さらに安定した「知識」といわるようになる。

　とはいえ、「これは優良なデータだ」という具合に、「情報」や「知識」というレベルの関係性を獲得しても、言葉としては元のものを残したままで概念的に越境して使われることもめずらしくない。地図データに基づいて山を安全に歩けば、それは立派に知識である。逆に、福島第一原子力発電所の事故対応のように、一般人よりもはるかに多くの知識をもっていても、まともな対応ができなかった人々にとって、その知識はデータにすぎなかったのかもしれない。だが前述したように、データ・情報・知識といったものを、なにかそれ自体として固定的に考えてはならない。それは、前述のベン図にあるように、「価値付け」という私たちの行為との関係で決まってくる。この問題は、博物館がこれからどうあるべきかという問題にもかかわることなので、最後の5節で考えたい。

3. メディアとはなにか

3.1 メディアの意味

「メディア」という言葉も、「情報」と同じく現代において最もよく知られている。「情報」と異なるのは、多くの場合日本語になおさずにそのまま「メディア」として使われることである。日本語に、スッと降りない。そしてそれだからこそ、どういう概念なのかゆれている。「メディア」は、最初にのべたように少なくても三つの意味でもちいられる。

- 一つは、「マスメディア」という形で使われる場合の意味である。この場合は、二の意味でのメディアを使って情報を送出する機関・組織・システムをさしている。テレビ局や新聞社がその代表で、最近ではこれにインターネットが加わりつつある。
- 二つは、情報を送出する装置そのものをさしていう場合である。博物館でメディアというと、これをさすことが従来は多かった。「視聴覚メディア」といった使い方をする場合である。
- 三つは、情報は必ず文字や映像などの何らかの記号体の形で表現されるが、これ自体をメディアということもある。これがなくてはなにも送出できないので、最も基礎的メディアともいえる。

media とは、ラテン語の medium（メディウム）という名詞の複数形である。これを英語読みすると、ミディアムとなって、ミディアム・サイズという具合に使われ、私たちになじみの言葉になる。つまり media / medium というのは、middle 中間という意味である。ここから、中間にあってなにかとなにかを仲介する媒介するものという意味になる。こうして、媒体とか媒質といった意味がでてくることになる。

3.2 マスメディアの発達

キリストもメディア(The Mediator)であって、神と人々とを仲介する。では、マスメディアという場合のメディアは、なにとなにをつなぐのか。メディアの概念、とりわけマスメディアの概念は、市民と市民をつなぐことで生まれてきたという事情がある。

ここには、近代の成立が関係している。農業革命によって17世紀の度重なる飢饉から開放された農村は、18世紀に人口爆発の時代を迎える。そうなると、農村からあぶれた人々

が都市に集まってくる。これが産業革命の一つの要因といわれている。産業革命が進行してくるにしたがって、大きな転機がおとずれた。それは、18世紀末からの織機の改良や蒸気機関の発明である。これによって人手が以前よりいらなくなり、大量に解雇されるという問題がおきてきた。この当時これに怒った職工たちによる、機械の打ち壊し運動「ラッダイト運動」(1811-17)が起こっている。そしてまた劣悪な労働環境から、市民の不満が高まってくる。こうした都市市民の政治への関心の高まりや、鉄道の発達によって人々と物資

織機を壊す様子 1812年
Wikipediaより

が大量に流通することになったことなどから、マスメディア（雑誌・新聞）が発達し始める。

その最初といわれるのが、Charles Knight (1791-1873) 編集のイギリスの *The Penny Magazine* (1832-1845) と、アメリカのBenjamin Henry Day (1810-1889) が創刊した *The Sun* (1833) である。これらは一般にPenny Pressと呼ばれ、当時のアメリカで新聞が6セントだったのに、わずか1セントで買えるということで大衆紙として50,000部もでるほど好評を博した。*The Penny Magazine* は、民衆教育のためのもので、自然誌や美術や歴史などの教養的内容であったが、初版が200,000部も売れたという。

The Penny Magazine と The Sun　Wikipediaより

3.3　メディア機器の発達

19世紀中葉から21世紀にかけては、さまざまな装置・機器としてのメディアが発達してくる。この時代の特徴は、なんといっても電気的装置としてのメディアが発達してきたことだろう。あのエジソン (Thomas Alva Edison, 1847-1931) は、後に世界最大の複合企業となるGE（ゼネラル・エレクトリック）の前身であるエジソン総合電気 (Edison General Electric Company) を設立するとともに、アメリカで最初の映画スタジオをつくった。エジソンの時代は、まさに電気的メディア登場の時代であった。19世紀から21世紀初頭にかけての電気的メディアの主だったものだけでも、次のようなものがあげられる。

1837	電信機発明（モールス）	1972	8型フロッピー（FD）登場
1876	電話機発明（ベル）	1977	APPLE Ⅱ 発売
1877	蓄音機発明（エジソン）	1981	PCのOS・MS-DOS 供給開始
1895	映写機発明（リュミエール兄弟）	1987	ポケベル普及
1920	ラジオ放送開始	1991	商用インターネット開始
1939	テレビ放送開始	1995	Windows 95 発売
1946	汎用コンピュータ（ENIAC）の実用化	1997	日本で携帯電話の爆発的普及
1956	ビデオレコーダー発売	2007	iPhone 発売
1963	テレビ衛星中継放送開始	2010	iPad 発売

　紙媒体の本は、時間を超えるメディアである。つまり過去の人の思想や技術を、時間を超えて今や未来に伝える。それに対して電気的装置は、空間を超えるメディアである。電話やラジオやテレビ、とりわけ衛星中継放送は、空間の制限を超えて世界を一挙につなぐ。そしてインターネットは、時間と空間の両方を超えるメディアといえるかもしれない。データベースなどの膨大な情報を受信者の手元に届け、テレビ電話やメールは人々の物理的な距離を縮めてしまった。

神奈川県立生命の星・地球博物館の「化石が語る相模の海」のボタンを押して観る映像展示

　博物館にこうした電気的メディアが入ってきたのはいつごろだろうか。映像ということだと、スライドや映画会は別として、展示としてはビデオコーダーが普及した1970年代以降ではないだろうか。ボタンを押して用意された映像を観るといった装置から、オンデマンドで観たいものを呼び出す装置までいろいろあるが、今日でもまだ博物館展示の定番の電気的メディアである。

　コンピュータは、最初のENIACの時代は真空管のお化けであった。17,468本の真空管で構成されており、10分もするとどこかの真空管が壊れるといった状態だった。しかしその後、トランジスタがでて集積回路になり1964年にIBMがSystem/360シリーズを出すと、一挙に商用に使われるようになる。そして80年代になると、いわゆるパソコンが登場し、90年代になってWindows 95が登場する。こうしてそれまで近づき難かった普通の人々もコンピュータを使うようになり、博物館でも展示などに利用されるようになっていく。そして2000年代に入ると、それまでデスクトップの機器だったパソコンは、ブック型が普及して持ち歩くものになっていく。だがそれもつかの間、2007年のiPhoneと2010年のiPadの登場は、持ち歩くポータブルから身につけて歩くウェアラブルなものへとコンピュータを変化させた。こうした変化は、博物館のあり方にも影響を与えるが、それはこの章の最後に考えよう。

4. メディア機能の三次元と博物館展示

　博物館のメディアというと、いわゆるビデオやパソコンなどの機器のことだとするのがこれまでであった。だがそれは、少し表面的である。メディアというのをそうした物理的な概念でとらえずに、実際の働きの概念でとらえると、そこにはより直接的な働きからより間接的な働きへという三つの次元がみとめられる。前述したようにメディアとは、なにかとなにかの中間にあって媒介するものである。そこでその媒介をモノのレベルではなく働きのレベルでみると、直接感覚的、記号解釈的、社会システム的な三つの働きを認めることができる。ただしこれは、働きのレベルなので、一つの展示がこの三つを兼ね備えているのが実際であることに注意してほしい。その上で、展示を考える場合には、これらのどのレベルを意識するかを考えなくてはならない。

・一次メディア機能は、展示物だけではなくサインや空間などが、言語的意味を介さないで観覧者に直接に印象などをあたえる働きである。
・二次メディア機能は、その展示物を言語的に解釈させることで働く機能である。ただし解釈される記号は、文字記号だけでなく映像記号なども含まれる。
・三次メディア機能は、二次メディア機能の意味解釈に大枠で影響をあたえる、あるいは方向付ける社会システム、学問や法律や習慣などの働きである。

　第一のメディア機能は、ともすれば見落とされがちだが、経験的には多く用いられている働きである。というより、従来博物館は、「モノと直接対峙する」ことで学校と違う学びの施設であるとされてきたことからすると、その中心的なメディア機能といえるものである。「モノが直接に語りかける」と比喩的に表現されるこの機能は、言語的認識を介さないからこそ、逆に強い働きをする機能ともいえる。たとえ文字をつかっていても、その文字の意味で働きかける機能ではなくて、その記号体あるいは建物それ自体が、直接に来館者の五感に働きかける機能だからである。

　たとえば、仙台の「仙台市富沢遺跡保存館　地底の森ミュージアム」の入り口は、これから地底に入っていくという雰囲気を醸し出している。中に入っても、全体に間接照明を用いていて、いかにも地底の森であるかのような雰囲気である。こうしたものは、単なる演出ではなくて、それ自体が直接に感覚的に語りかけるメディア機能を果たしている。こうしたものは、宮崎県の「西都原考古博物館」の墳墓の中に入っていく感じの古墳展示や、

横浜市の「よこはま動物園ズーラシア」の気候帯・地域別ゾーン展示などにもみられる。

　筆者はこうした手法を「状況展示」と呼んでいるが、こうした機能の利用は建物だけではない。例えば、「大阪歴史博物館」の天井からつり下げられた「大歌舞伎」の垂れ幕などのグラフィック・サインは、文字でありながら文字情報ではないものも伝える。「金子みすゞ記念館」の来館者がかざす手に映し出されたみすゞの詩は、その内容以上にみすゞの心を伝える。こうした感覚的に直接的なメディア機能は、もっとも基礎的だが、それだけに抗しがたい力がある。

「仙台市富沢遺跡保存館　地底の森ミュージアム」の入り口

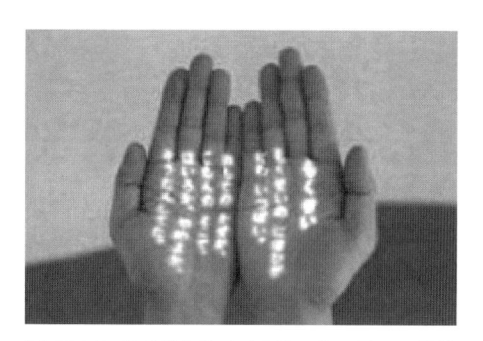

「金子みすゞ記念館」みすゞの詩の手のひらへの投影
高橋信裕氏撮影

　次の二次メディア機能は、一次メディア機能とは違い、より間接的な働きである。というのもそれは、記号の解釈によって働くからである。記号は、なんらかの装置（本やテレビなど）を使って来館者に提示される。そのためこれまで、その装置自体をメディアとみなしてきた。これまで博物館で使われてきた「視聴覚メディア」という場合がこれである。しかしそれをメディア的な働きという観点でみると、その装置がやっていることは、その装置に載せる情報を作った学芸員あるいは文化と来館者とを結びつけることである。

　このように二次メディア機能の特徴は、来館者の言語的な解釈によって働くというところにある。言語といっても、それはなにも文字だけに限らない。写真や映像は、確かに文字記号ではない。しかしそれを理解するとき、私たちは言語を用いることが多い。とりわけ映像は、時間軸にそって文脈的なつながりをもっているし、写真も写っている内容を言語化して理解しようとする場合には、この二次メディア機能が働いていることになる。同じ写真でも、美術館で観るときは一次メディア機能が働いているが、歴史博物館でキャプションに基づいて観ようとするときには二次メディア機能が働いていることになる。

　したがってこの二次メディア機能は、一次メディア機能のような直接性はないものの、言語解釈に依存している分、より精密なあるいは論理的な説明をする場合に適している。そして逆に弱点としては、解釈者の知識状態に左右されやすいことがあげられる。それは映像であっても同じである。映像だからわかりやすいとはならない。映像であるか文字であるかにかかわらず、わかりやすいかどうかは来館者の解釈レベルに左右されるからであ

る。

　実際たとえ映像であっても、子どもたちには理解できない場合が多い。日本のビデオ展示などは、対象者によるレベル分けをしない。そのため45ページ写真のようなボタンを押して観る展示の場合、タッチ・アンド・ゴーでただ走り回ることも珍しくない。また土器にキャプションをつけてあっても、多くの人々はそれをあまり読まない。それは、一次メディアレベルの印象しかあたえていないのかもしれない。こうしたことから、二次メディア機能による場合には、だれにどのようにわかってもらうかのコンセプトをしっかり考えなくてはならない。

　最後の三次メディア機能は、さらに間接的である。というのも、これは表面だってメディアとはみなされないからである。しかし働きの観点からみれば、これをどのように意識しているかで、展示の意味合いが違ってくることになる。右の写真の例でいえば、普通の歴史博物館で、「深鉢型土器」「浅鉢型土器」というキャプションだけをつけて済ませているのは、これを考古学的に理解させようという学問的システムの働きで展示していることになる。しかしこの例では、それよりもむしろ、現代の日常生活のレベルで理解させたいという意図が働いている展示になる。

朝霞市立博物館の土器展示
「深鉢型土器」「浅鉢型土器」というキャプションの他に、現代の器具を並置することで「ヤカン」「鍋」と理解させる努力。

　このように、一次メディア機能と二次メディア機能の背後で、全体として展示に文脈をあたえるシステム、それがこの三次メディア機能である。それぞれの博物館で、どういった文脈を大切にするかで、けっしてあからさまではないものの、その展示の意味合いが違ってくる。このことをはき違えると、その博物館のミッションとは関係のない展示や活動をすることにもなりかねない。とりわけワークショップでは、こうしたことが起こりがちなので注意が必要である。

5. 変容する博物館の役割：アウトレットからノードへ

5.1 アウトレットからノードへ

　前述したように、データ・情報・知識といったものは、それ自体としてそれぞれ存在しているわけではない。それらは「価値付け」という私たちの行為との関係で、別々の名前で呼ばれているにすぎない。そこで、このデータ・情報・知識のどのレベルで関わろうとするのか、それによって博物館の役割が違ってくることになる。また、メディアの概念も近年変容してきている。それは、情報の乗せものとしての機器のことではなく、なにかとなにかを「つなぐ働き」という本来の意味に変わりつつある。機器としての主要なメディアであるコンピュータも、前述したようにデスクトップなものからポータブルなものへ、そしてウェアラブルなものへと変化してきている。そうした概念と機器の変化は、これも博物館の役割に変化を求めてきている。この最後の節では、それを「アウトレットからノードへ」というテーマで考えてみたい。

　「アウトレット」とは、郊外型の巨大ショッピングモールのことではない。米語で「出口」のことである。アメリカの道路には、よく「NO OUTLET」という標識がたてられているが、それは「出口なし・行き止り」という意味である。また、日本語でコンセントのこともアウトレットという。これは、電気の出口という意味である。そこで、ショッピングモールのアウトレットも、本来の意味は「工場直送」という意味になる。

　それはともかく、これまでの博物館は、この「アウトレット」、つまり情報の出口とみなされてきた。だが筆者は、博物館はむしろ「ノード」、つまり「結節点」となるべきではないかと考えている。では、なにとなにの結節点か。それは、市民と市民を結びつける結節点である。ではなぜそういえるのか、それを理解するために、あらためて「わかる」とはなにかという問題を次ぎに考えてみたい。

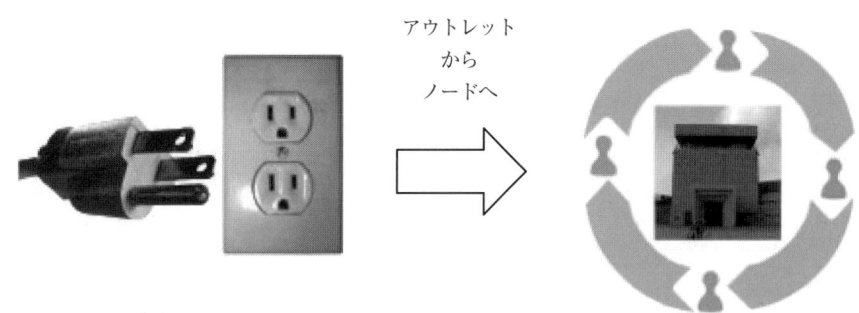

アウトレット
から
ノードへ

アメリカのアウトレット　Wikipedia より

5.2 「わかる」とはなんなのか

「わかる」ということの意味が近年大きく変わりつつある。これまでは、誰かのなかでちゃんとした根拠をもって説明できれば、わかっているとみなされてきた。哲学ではこれを「正当化された真なる信念」といってきた。紀元前4世紀のプラトンの時から20世紀中頃まで、ずっとそう思われてきた。だがそれが、いま変わりつつある。

「正当化された真なる信念」であるから、まず誰かが自分のなかでただ納得しているだけでは、わかっているとはみなされないことになる。それは、「正当化された真」なるものでなくてはならない。つまりその納得が正しい（真）という正当化の根拠をもっていなくてはならないというわけである。なぜなら、勝手に思っているだけではわかっているとはとてもいえないからである。筆者が、「世界の中心は私だ。そうに違いない」といくら思っても誰も相手にしてくれないわけである。

だがしかし、では自分で確かであるという根拠をもっていることが知っていることの条件だとすると、かなり困ったことになる。というのも、私たちが知っていることのほとんどは、誰かからの又聞きだったり、本かなにかで言葉だけで知っていることだからである。根拠をあげろといわれても、「教科書に書いてあったから」としか答えられないことが90％以上だろう。

それでは、私たちは10％にも満たないことしか、本当には知ってはいないのだろうか。自分で確かめてはいないが、台風がきて強風が吹き荒れるぞと警報が出れば備えをする。「鎌倉時代って知っているか」と問われればほとんどの人は、「頼朝が征夷大将軍になって幕府を開いた時代でしょう」と答えることができる。それで十分ではないか。だから筆者が、頼朝は征夷大将軍になっていないし、幕府も開いてなどいないとのべたとすると、筆者はわかっていないとみなされるだろう。

ここに重要なヒントがある。「わかる」というのは個人の信念の問題ではなく、社会の承認の問題だということである。人の信念のことは、ただ頭のなかの問題ではない。人は「しゃべる自動販売機」でもないし、脳みそはただのハードディスクでもない。だれかの信念は、何らかの形でその人の行為をみちびく働きをして、しかもその行為が何らかの形で社会的な承認をうけて、始めてその人自身にとっても根拠のある信念となる。

「鎌倉時代は？」と聞かれて、「1192年です」（最近では1185年）と答えて、「そうですね」と承認されて始めて納得できる。筆者が、「1180〜1221年の間に徐々に」などと答えるなら、それは間違いとされてしまう。前述のように、征夷大将軍になっていないだの、幕府など開いていないなどと発言すれば、もちろん「わかっていない」とみなされるだろう。だが筆者は、それでもめげない。なぜなら筆者は、いくつもの専門的論文を読んで、それらの学問的世界からの承認をすでにうけているからである。

このことは博物館にとって重要である。あることがわかっているかどうかは、個人の信念問題ではなく社会的な問題であり、その人がどの集団に帰属して生きているのかが関係

してくる問題だからである。中世史の研究者の理解と、そうではない人々との理解は、当然違う。どちらが正しいかではない。正しく理解しているかどうかは、個人の信念の問題ではなく、その人の属する社会でのふるまいの問題だからである。関東とりわけ神奈川の人にとっては、最初の武家の古都は鎌倉だろう。しかし東北とりわけ岩手の人にとっては、奥州藤原氏の平泉こそが最初の武家の古都かもしれない。歴史ばかりではない。科学の世界でも、こうしたことはおこっている。「エネルギー」という概念は、物理の人とそれ以外の科学分野の人とでは意味が違う。

　こうしたことが博物館にとって重要なのは、どういう人たちを相手に、どのような形で情報を発信していくのかという問題にかかわってくるからである。知識は、すべてが中立・中性ではない。歴史の知識は当然だが、科学といえども誰に対しても正しいとはならない。しかも次にみるようにメディア概念の近年の変化は、「発信」ではない姿を博物館に迫っている。

平泉金色堂　Wikipedia より
鎌倉も一地方政権であった。そうだとすれば、平泉こそ最初の武家の都だという考え方も成り立つ。

5.3　メディア概念の変容とこれからの博物館

　マクルーハン , M.（Herbert Marshall McLuhan, 1911-1980）が、「メディアはメッセージである」という有名なフレーズを唱えて以来、メディア概念が拡張してきた。情報を盛り込んで相手に届ける、それぞれ特有の伝送装置という意味から、私たちのものの考え方に影響を与えるすべての装置という具合に変化してきた。この変化は、「装置」とはいっているものの、メディア本来の意味に近づいているとみることもできる。つまり「影響を与える」という形で、「媒介する」働きという意味に近づいている。

　メディアとは、なにかとなにかをつなぐ働きのことであるとすれば、博物館はメディアとしてなにとなにをつなぐのか。これまでの博物館は、納められている歴史的文物や絵画や動植物と市民とをつなぐ役割をになってきた。その意味で博物館は、情報を「発信」するのがメインの役割だった。だがしかし、人によって理解の内実が異なるならば、博物館はもはやなにかの情報を正しいものとして「発信」するという姿勢ではすまされないことになる。

　これからの博物館は、そこを訪れる人々の生き方にそった知の構成を援助する、そういう場にならなくてはならないのではないだろうか。もちろん一定の枠内ではあっても、正しい知を発信するというのではなくて、そこでそれぞれの集団なりの知の構成を援助して、人々と人々とをつなぐ、そういうノード・結節点としてのメディアとなるべきではないのか。これが、「アウトレットからノードへ」というフレーズの意味である。　　　　（小笠原喜康）

第4章　人と人をつなぐメディアとしての博物館

〔参考文献〕

伊藤剛史 (2005)「チャールズ・ナイトと『ペニーマガジン』—19世紀前半英国の出版文化」三田史学会『史学』74(1): 131-159

マクルーハン, M.(1987)『メディア論—人間の拡張の諸相』栗原裕・河本仲聖訳　みすず書房

小笠原喜康 (2004)「メディエイトする身体—第3領域教育メディア研究への模索—」『教育メディア研究』10(2): 53-61

戸田山和久 (2002)『知識の哲学』産業図書

吉見俊哉 (2004)『メディア文化論—メディアを学ぶ人のための15話』有斐閣

ミニ演習問題

　近くの博物館・美術館・動物園などにでかけて、そこではなにとなにをどのようにつなごうとしているのか、どのようなメディアになろうとしているのかを考えてみよう。

第 5 章

心は環境のなかに：
博物館情報メディアの心理と学習理論

1. 知覚心理学の流れ

1.1 物が見える不思議

1.1.1 目で世界を見ると逆転している

私たちは何の苦労もなく物を見ている。しかし、知覚心理学では、なぜ外界はありのままの姿で見えるのかが研究されている。なぜならば、人間の眼球にはレンズが1枚しかついていない。したがって、網膜には外界が上下左右前後ひっくり返って写っている。また、眼球はピンポン玉程度の大きさなので、網膜は曲がっている。外界は曲がったスクリーン（網膜）にゆがんで映し出されているのである。外界を眼球だけで見ているのならば、私たちは右に行くところを左に曲がったり、普通の人を美人と見間違えたりしているのかもしれないのである。

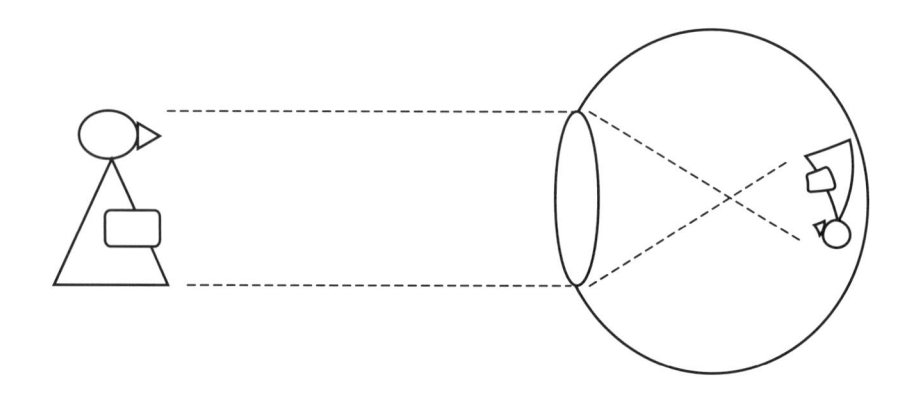

図1　眼球には外界がどのように映るのか
　人間の目にはレンズが1枚しかついていない。網膜には外界がゆがんで、上下左右前後逆転して写っている。

1.1.2 ストラットンの逆転メガネ

ストラットン（George Malcolm Stratton, 1896-1897）は、目に見えるままの像を人間に見せてみるとどうなるか実験した。プリズムを使って上下左右逆転して見えるメガネを作り、それをかけて生活したのである。ストラットンの逆転メガネといわれている。このメガネをかけると世界が目まぐるしく動き回って見え、物がつかめず、歩くこともできなかった。手を前に出し、足で足元を探り、体を壁にあてながら恐る恐る動くしかできな

かったのである（写真1）。わずかに体が動いても外界が大きく揺れて見えるため、混乱し、10分もすれば船酔い状態におちいるのである。しかし、上下左右が逆転して見えてもすぐに適応し、食事や歩行など日常生活には困らなくなり、1週間後には自転車にも乗れるようになった。つまり、網膜にどう見えているかは問題ではない。人間の脳は可塑性に富んでおり、視覚情報を体験に基づいて修正してしまうことを示したのである。

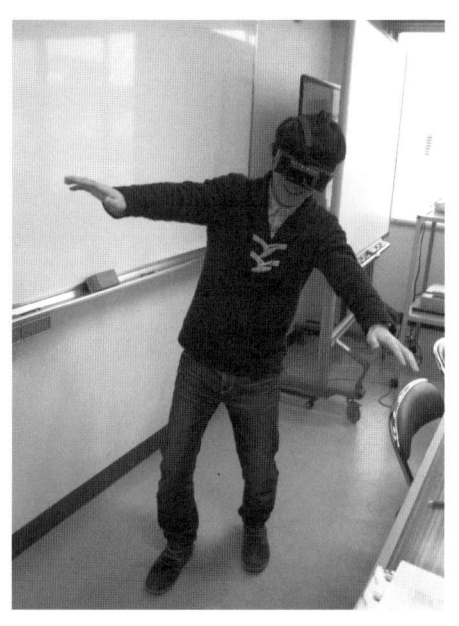

写真1　ストラットンの逆転メガネをつける実験
　左右が逆に見えるメガネをつけた実験協力者は、手や足を感覚器官として利用する。

1.2　伝統的知覚論

1.2.1　五つの感覚器官

　人間は外界の情報を視覚、聴覚、触覚、嗅覚、味覚の五つの感覚器官から、それぞれ独自の情報を得ており、情報は神経を経由して脳に伝達される。その後、記憶や経験を使って何が見えているか判断していると考えられている。感覚を統合して、外界を認知することを知覚（perception）という。現代では、体性感覚（温覚、冷覚、痛覚、振動覚など）や内臓感覚などの情報も判断材料に使われていると考えられている。

　外界から入る情報は膨大で、すべての情報を脳で処理して判断しているとは考えられないが、脳には外界を安定に保つ恒常性や枠組みがあり、省力化していると考えられていた。有名な現象として盲点がある。人間の眼球に入った光は、網膜に並んだ感覚器官で神経信号に変換されて脳に伝えられる。眼球には網膜が視神経につながる部分があり、ここには光を感じる感覚器官がないため、この部分は物が見えない。見えない点ということで盲点

第5章 心は環境のなかに

と呼ばれている（図2）。

ところが片目をつぶって、一つの目で外界を見ても、見えない部分は存在していない。見えない部分は、脳が補っていると考えられている。

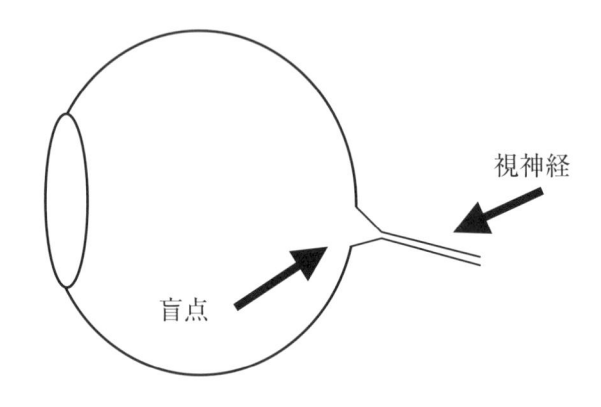

図2 盲点に視覚情報は入らない
　網膜で受け止めた光の情報は視神経を通って脳へ運ばれる。盲点に感覚細胞はないため、その部分の外界は見えないはずである。しかし片目で見ても、見えない部分は存在ない。

知覚が脳内でおこなわれるのであるから、外からの刺激を統制し、できるだけ単純な刺激を与えることで知覚がどのようにおこなわれているか研究すればよいのである。したがって、知覚心理学は、暗室のなかで頭を固定された実験協力者に、光の点や直線を見せる研究になっていった。

写真2 知覚の実験装置
　実験協力者は、あごを台に乗せ、頭をベルトで固定して、暗箱の中の光点を見る。

1.2.2 外界を脳内に再現しているのか

しかし、現実の人間は動いている。体を真直ぐに保つことは難しく、頭も常に動いている。目に見える光の波長は限られており、聞こえる音も周波数が限られている。外界を五つの感覚器官による限られた感覚で探り、脳内に再構成しているのであれば、果たして私たちは外界を正しくとらえているのだろうか。外界を正しくとらえていないのであれば、なぜ私たちはキャッチボールができるのであろうか。自動車を運転したり、飛行機を離着陸させるのは危険極まりない行為なのではないだろうか。

1.3　ギブソンの生態学的心理学

1.3.1　外界は網膜に映った写真ではない

知覚心理学者のジェームズ J. ギブソン（James Jerome Gibson, 1904-1979）は、第二次世界大戦においてアメリカ陸軍で航空機パイロットの訓練と選抜に協力した。ところが知覚心理学の知識はまったく役に立たなかった。パイロットたちは、理論上見えないはずの遠方を飛んでいる飛行機を発見するだけでなく、敵味方の識別をおこない、移動方向や速度まで判断していたのである。

動物の眼は、生活空間に適応するように進化したと考えられている。草食動物の眼は、頭の両脇についていて、周囲のほとんどを見ることに適している。肉食動物に襲われないためである。人間の眼は、顔の前面に集中して置かれており、前方数メートルまでの物を細かく見ることに適している。樹上生活をして、木の実や小動物を捕らえるサルたちと同じ配置である。したがって、鳥たちのように、遠くを飛ぶ小さな虫を見つけるようにはできていない。

また、奥行きがわかるのも、十数メートル先までというのが従来の説であった。奥行きは 10 センチほど離れた二つの眼球が、少し違う角度から物を見ること（両眼視差）によってわかるので、遠くの物は識別できないのである。したがって従来の考え方では、パイロットたちが遠くを飛んでいる飛行機を見つけ、敵か味方か識別するという事実を説明できないのである。

1.3.2　心は環境のなかに

ギブソンは、今までの研究では扱われてこなかった、地面が手がかりになっていると考えた。現実の地面は、手前にある土はでこぼこして見え、遠くの地面は細かく、なめらかに見える。地面のなめらかさ（テクスチャー）と面と面の配置（地面と空）から敵機の距離と位置がわかり、地面と自分の姿勢から方向を、そして動きによって敵機を発見するという知覚を生み出すのだと考えた。

つまりパイロットたちは形を知覚しているのではなく、動き（変形）を知覚しているのである。動きは網膜に形として残らないため、従来のように網膜に映った形（shape）を脳が判断するという説では説明できなくなる。そもそも網膜を持つ生物は少なく、昆虫は

網膜を持っていないが飛んだり、エサを捕まえている。体の表面全体で光を感じる動物もいる。知覚において網膜にこだわる理由はないのである。

　変化する物と変化しない物が環境のなかにあり、我々はそれを知覚しているのである。対象の認知を可能にするのは、動きのなかにある不変項（invariants）としての特徴である。つまり、情報は環境のなかにあり、我々は必要に応じてその情報を取り出しているのである。

　ストラットンの逆転メガネの場合、メガネをかけると外界は目まぐるしく動いた。この時、人間は床と壁をたよりに歩く。環境のなかから不変項を見つけ出すのである。壁が人間を歩行させる。適応という知的行為は心のなかではなく、環境のなかにあるのである。

　テレビは典型例である。テレビは30秒に1枚の写真を連続的に提示している。人間には、1枚1枚の写真は見えない。認識できないのである。従来は、残像を見ているという矛盾した表現で説明されてきた。テレビ画面には、光の配列が流れ続けており、人間はそのなかから不変項として、俳優の顔や露天風呂を見つけ出す。ストーリーも感情も光の配列のなかにあるのであって、私たちの心のなかにあるのではない。

　パイロットたちは、従来は関心が持たれなかった地面を基準にして物を見ていた。あまりにも身近すぎて研究対象になっていなかったが、地面を基準にするということは、自分の位置や姿勢、地面との角度がわかるということである。アクロバット飛行や空中戦をするパイロットを研究したからこそ、新しい知覚理論を作ることができたといえよう。

　従来の知覚研究は、実験協力者の頭を固定し、なにも見えない暗室に入れたり、暗箱を覗かせ、単純な光の点や直線を見せる実験室的実験であった。これに対してギブソンの知覚心理学は、木の葉がそよぐなか、歩道を歩く人間になにが見えるのか、なにを手がかりに外界を理解しているのか研究している。外界も動き、人間も動く当たり前の環境下における知覚の研究である。したがって生態学的心理学（Ecological Psychology）と呼ばれている。

2. 認知心理学の発展

2.1 認知心理学
2.1.1 心なき心理学

認知心理学（Cognitive Psychology）とは、知覚、記憶、言語、思考、理解など高次精神活動を解明しようとする心理学である。心理学者は心とはなにか、心はどう動くのか、心はどう発達するのかに関心がある。したがって、多くの心理学は認知心理学ということができる。歴史的には行動主義（Behaviorism）への批判から生じた考え方である。

J.B. ワトソン（John Broadus Watson, 1878-1958）らの行動主義は、心という概念が主観的で、解釈に陥りやすいため研究対象から除き、客観的な行動のみを研究対象とした。外から与える刺激（stimulus）と反応（response）を条件付けることによって、刺激が常に同じ反応を引き起こすことができるようになる。特定の刺激が、特定の反応を引き起こすのであれば、学習が成立していると考えたのである。つまり、学習とは、簡単な組み合わせから複雑・高度な組み合わせへ進めることであるという考え方である。

行動主義を学習に適用した代表例が、ドリル学習である。簡単な問題から難しい問題へと並べ（スモールステップ）、すぐに答え合わせをして（報酬の即時強化）、その人のスピードで（マイペース）勉強するように作られている。学習者が自ら学ぶ（積極的反応）教材である。

```
一けたの足し算
  1 + 2 =      3 + 5 =
  6 + 3 =      2 + 4 =

くり上がりのある足し算
  5 + 6 =      7 + 8 =
  9 + 2 =      3 + 8 =
```

図3　計算ドリルは、行動主義心理学の成果
　　心を想定しなくても、学習は成立させられる。

2.1.2 主体や社会を想定した心理学

しかし、人間の場合、誰もが特定の刺激から特定の反応を生じるということはなかった。主体（organism）を想定せざるを得なくなったのである。刺激と反応の間に経験や偏りという概念を入れたのが、新行動主義である。この頃、乳幼児の観察から表象（image）の発生や遊び、論理的思考の発達を研究した人がJ. ピアジェ（Jean Piaget, 1896-1980）

であり、思考の発達の背景にある文化社会的規定性を研究したのがL.S. ヴィゴツキー（Lev Semenovich Vygotsky, 1896-1934）である。

また、コンピュータ科学との協力により、人間の行動をシミュレートしたり、脳科学との共同もおこなわれるようになり、領域固有性やエキスパートシステム、メタ認知、素朴理論など多くの概念が提起されてきた。

以下に、博物館に関係する理論を紹介する。

2.2 状況的学習論

2.2.1 従来の学習観

従来の学習観では、知識は頭のなかにため込まれており、必要な時に思い出して使うと考えられていた。したがって教育は、学習者が学習しやすくなるように教育内容を簡単なものから難しいものへと系統的に配置し（系統的学習）、学習者はそれを順番に暗記をすることが最も効率的ととらえられてきた。学習した内容は学習者の頭のなかにあるので、ペーパーテストによって知識を書き出させ、その結果によって評価することができるという考え方である。当初、人工知能の研究でも、医学や法律などその領域固有の知識をコンピュータに蓄積することで、専門家を超えるコンピュータ（エキスパートシステム）を作ることができると考えてきた。ところがコンピュータは病名を当てたり、刑期を何年にすべきか判断するという人間のような知的行為はできなかった。知とは、知識の詰め込みではないことがわかってきたのである。

2.2.2 状況的学習論

人工知能の研究者であるレイブ（Jean Lave, 1939-）と人類学者であるウェンガー（Etienne Wenger, 1952-）は、状況的学習論（Situated Leaning Theory, 1991）という考え方を提起している。学習は状況のなかに埋め込まれており、社会的実践に役割を持って参加する過程そのものであるという考え方である。

当初は「技（わざ）」の研究がされた。職人が、機械では削れないほど滑らかに金属を削る技術を、表面をなでさせながら弟子に伝える過程の研究や、鉄板を熱しながら微妙に曲げる方法を後輩の手を取って力の入れ具合を教える過程の研究がおこなわれた。言葉ではうまく伝えられない学習の研究である。

その後、新人が工場の作業を覚える過程で、同僚や上司と多くのやり取りしながら学んでゆくことを示してきた。仕事をするためには、マニュアルにない手順や事務処理、連絡方法、相談の仕方など人間関係を学ばなければ一人前の工具になれないのである。これらの学習は、系統的におこなわれるのではない。部品が足りなくなったり、生産ラインの人間が風邪で休んだなど、状況に応じてなされる。社会に出てからの学習は生活のため、生きてゆくための学習であり、これが本物の学習なわけである。

「知」の代表である研究者や芸術家でも同じである。おもしろいと思うから興味・関心

に基づいて研究や創作活動をおこなっているのであり、単に先行研究の暗記をしたり、無意味な実験をおこなっているのではない。芸術家も先人の芸術の模倣をしているのではない。主観や信念の世界なのである。学会発表をして、批判をあびて研究を積み重ねるのである。批判という形で、違う視点を提示されることが喜びであり、批判がないことは存在を無視されることなのである。

従来の学習観は、本物の学習とかけ離れており、学ぶ楽しさを教えていないのである。したがって、学校の教育は、教室やテストという特殊な状況のなかでのみ成り立つ文化であるという「学校文化論」が唱えられたり、学校でしか通用しない「言語ゲーム」をおこなっているのだという批判がされるのである。

2.2.3　正統的周辺参加

学習とは、教科書を覚え、テストに出る範囲を覚えることなのだろうか。従来の学習でも、教師は子ども同士討論をさせたり、図書館で調べさせたりして意見の多様性や自発的学習を引き起こそうとしてきた。学習者も参考書やネットを見て、必要以上の調べものをしたり、関係のないことに時間を費やしてきた。友だちに教えてもらってわかることや、教えることで教える側の子どもがよりわかることもあった。

集団への参与を通して知識や技能を習得する考え方に、正統的周辺参加（Legitimate Peripheral Participation）がある。状況的学習において、実践共同体に参与し、役割を担うことを通して学ばれる知識と技能のことである。共同体の周辺にいて関わりの薄い状態から始まり、軽い役割を引き受け、徐々に責任が重くなり、ついにはその共同体の中心となり、運営をする十全参加（full participation）へ移行してゆく。かつての徒弟制のように、共同体に参与するなかで知識や技能を習得するという考え方である。

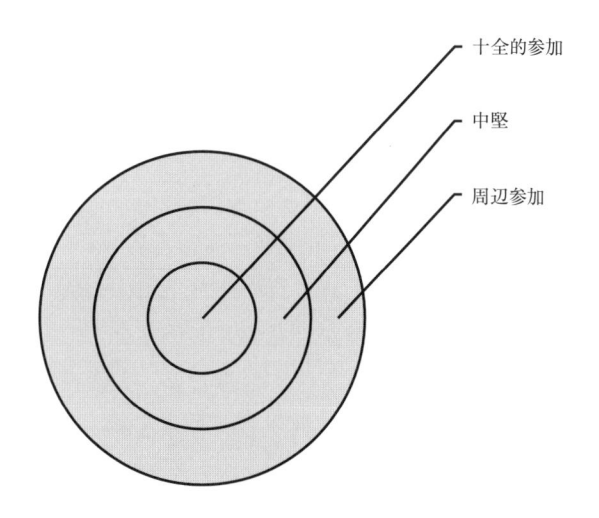

図4　正統的周辺参加の模式図
　　　集団の周辺にいる新人から、役割を担う中堅へ進み、最後に集団運営の中心となる十全的参加者となる。

2.3 博物館と状況的学習理論
2.3.1 学芸員にとっての状況的学習理論

　状況的学習論は、博物館における学習を考える上でわかりやすい考え方である。学校では、一つの授業でひとかたまりの学習が成立する。指導案という授業の目的、授業の流れ、予想される子どもの反応まで書かれたものが用意されることもある。同じ授業が2回おこなわれることはなく、一つの授業ですべての子どもが同じ内容を学ぶことが前提となっている。

　ところが、博物館は一度来館すればすべてを理解できる場所なのではなく、何度でも来館できる場所である。同じ時間、同じ場所にいても、学ぶ内容は個人ごとに異なっていても構わない。興味・関心に基づいて自発的に見るのである。また、博物館は、来るたびに新たな学習ができる場所であり、年齢や人生経験によって異なる多様な学習ができる場所なのである。展示物が持つ価値や力（情報）、またその展示方法（配列）が、来館者の興味・関心に応じた学習を引き起こすのである。博物館は、状況的学習の場そのものといえる。

2.3.2 学芸員にとっての正統的周辺参加

　正統的周辺参加や十全参加（full participation）という概念も、博物館にはなじみやすい考え方である。学校の学級には、同じ年齢で同じものを学ぶ子どもしかいない。教師と児童生徒の関係も固定的である。したがって正統的周辺参加という考え方は、部活動や生徒会活動、異年齢活動に限定されがちである。

　ところが博物館には、子どもや家族連れという博物館に詳しくない人たちが来る。調べ物をする人や博物館めぐりを楽しむ人も来る。ボランティアや学芸員、研究者あるいは博物館経営者も来る。多様な人間が多様な目的で来館している。それらの人を博物館利用の新人、中堅、プロととらえれば、展示の仕方や学習の支援などは対象に応じて考えればよいわけである。

　子どものうちから博物館に慣れ親しんでもらい、リピーター（中堅）になってもらう試みはふだんからおこなっている。アウトリーチやワークシート作り、スタンプラリーなどはこれにあたる。

　中堅層を集めるためには、企画展や講演会をおこなっている。学校や理科部と協力して、ホタルの出現情報を集める活動になると展示資料作りへ生徒が関わることになる。

　また、市民ボランティアに案内係や障がい者の介助係等をしてもらう努力は多くの博物館がおこなっている。資料整理のボランティアは運営上、大変役に立つ。最近では、ボランティアが資料整理する姿をガラス越しに見せて、もっとボランティアを増やそうとする博物館もある。機織り機で、布を織る実演をしてもらったり、糸車で糸を繰る実演をしている所もある。実演であると同時に、技術の保存、伝承をしている。ボランティア自体が展示物であり、博物館の紹介者なのである。これらは、博物館の運営に直接関わる十全的参加者（full participant）を増やす試みといえよう。

3. 展示におけるアフォーダンス

3.1 アフォーダンスとは

3.1.1 アフォーダンスの定義

アフォーダンス（affordance）とは、環境が人間（生物）に提供する「価値」のことである。知覚心理学のJ.J. ギブソンが作った造語であり、英語の動詞 'afford'（与える、可能にする）に由来している。

教室内の机とイスは、黒板に向かって座ることをアフォードしている。コンピュータのマウスは手のひらを乗せることを導く。ひっくり繰り返したり、投げる行動を導いたりしない。マウスは次に、横に滑らせることをアフォードする。左ボタンは人差し指でクリックすることをアフォードする。このように、個々の物が持つ情報が、人間の行動を引き起こしているのである。マウスを例にあげれば、マウスが持っている情報は、形が手を乗せる形になっており、底面はすべりやすく、人差し指がボタンの上に置かれるように形作られている。ボタンが動く方向は１方向だけであって、押すことしかできない。初めてマウスに触る人でも、使い方を間違うことはないのである。

ただ、一つの物から感じ取る情報は、人によって同じとは限らない。また、同じ人でもその時の状態によって物がアフォードする情報は変わりうる。例えば、普段はイスを見れば座りたくなるが、大きな荷物を持っている時には、イスに荷物を置く。つまり、人間（生物）は周囲の状況から、そのつど役に立ちそうな情報を探索して、見つけ出し、利用するのである。人間（生物）は単に受動的に環境を知覚しているのではない。一連の行動のなかで環境とやり取りをしつつ、アフォーダンスを見つけてゆくのである。

3.1.2 Macintoshのアイコンとアフォーダンス

アフォーダンスの例として、アップルコンピュータのアイコン（icon）が有名である。アップルコンピュータを初めて立ち上げたときに、ファイルの形をしたアイコンが一つだけ画面に現れる。画面を見ても何もないので、人はそのアイコンをクリックする。アイコンが、マウスを動かす行動をアフォードしたのである。人間からすれば画面を探索して、ファイルを開くという意味・価値を発見し、獲得したのである。次に、二つのアイコンが現れる。ソフトのアイコンかデータのアイコンである。自分のしたいことを考えてどちらかをクリックする。例えば、ソフトのアイコンをクリックする。すると 'Word' か 'Excel' 等のアイコンが出てくる。このように次々と必要なアイコンをクリックすることで、仕事を始めることができる。

アイコンは、必要な所へ間違えずに人間をアフォードしてゆく。人間からすれば、画面の変化が起こるたびに画面を探索し、アイコンの意味を発見し、ソフトを立ち上げる知識を得ることに成功したのである。この場合、知識は脳のなかにあったのではない。アイコンのなかにあるのでもない。アイコンは単なる画像である。人間が環境を探索する時に、環境のなかにあるアイコンに引きつけられて、動作して初めて知識が獲得されたのである。

写真3　アップルコンピュータの画面
　　アイコンが、ユーザーの行動をアフォードして、フォルダーを開けさせる。

それ以前には、データがどのドライブのどのファイルに入っているか覚えていなければなかった。例えば、Cドライブの心理ファイルにレポート03が入っている場合、

$$C:word¥sinri¥report03.doc$$

上記のように正確にキー入力しなければ、ソフトは起動しなかったのである。誰もがパソコンを使えるようになるために、アイコンが果たした役割は大きい。そしてその背後にあるアフォーダンス理論が有名になったのである。

3.2　展示におけるアフォーダンス
3.2.1　アフォーダンスがもたらす観覧者像の変更

アフォーダンスという考え方は、来館者に対する考え方も変える。博物館に所蔵されている展示物は、人類の英知や自然の驚異を表しており、展示物自体が来館者を引きつけ、学習を引き起こす力を持っている。来館者は、展示物を見て驚き、感動する。人間は自分の受けた感覚や感動を人に話し、共有しようとする。展示物には会話を引き起こす力があるのである。たとえそれが表面的な受け止めであっても、展示物にアフォードされた反応

なのである。人間は、同じものを見ても異なる受け止めをしており、受け止めの違いが笑いや会話、口論を引き起こして、多様な学習を生み出している。これらは状況的学習という考え方からは、当然生じる姿である。

特に子どもは、大きさや色、形といった点で驚き、歓声を上げたり、展示物に向かって走り出し、触ろうとしてしまう。展示物の歴史的背景や価値をまったく理解していなくとも、展示物に引きつけられる。彼らは、周辺的参加者なのである。

したがって、大声を上げ、気づいたことをわれ先に言おうとする。見つけたことを話したい、共有したいのである。学校で習ったものと同じであることを確認するだけでも話したいのである。子どもだけではない。人間は驚きや感動を伝え、感情の共有をしようとする。みんなでわいわい話しながら歩きたいのが大方の来館者なのである。

冷静に、静かに感動できるのは大人、それも十全的参加者なのであり、少数の人間に限られる。本来は十全的参加者でも、感動を共有したいのである。

博物館が王や貴族が持っている珍品を見せ、権威を示すためのものであった時代には、来館者は恐れ入って静かに見るべきであった。静かに見るのは、その時代の風習といってもよいであろう。

静かにしなければならないのであれば、静かにしなければない場所と会話してよい場所を分けるべきである。あるいは「ここは静かにしてください」と条件を明示すべきである。

3.2.2 行動を制御するアフォーダンス

実物教育の場として、博物館における体験はますます重要になっている。子どもは、少子化やネットの普及により、実物を見る経験が少なくなっている。触る、触れ合う、作るなど体験コーナーや実験コーナーは、子どもだけでなく大人にとっても楽しい所になっている。子どもはもともと静かにできないが、博物館という珍しい場所に来て、珍しいものを見ると、はしゃいだり、走ったりしてしまう。

体験コーナーで満足感を味わわせると、子どもを落ち着かせることができる。また、子どもが好奇心いっぱいに探索しているときに、解説が子どもの身長を考えて置かれていたり、ふりがながふられていれば、子どもはそれを読んでしまう。これも落ち着きをアフォードする展示といえる。

3.2.3 行動を促進しすぎるアフォーダンス

最近の博物館は、その目的や役割を十分考えて作られたものが多い。来館者の視点を考え、展示が見やすくなり、流れるように歩くことができるところが増えている。テーマごとに区切られ、何を見ればよいのかわかりやすく、次にどちらの方向に歩くのか悩まなくともよい作りになっている。大人の来館者をうまくアフォードしているといえる。

ただ、子どもは走りやすくなっている。かつての博物館のように展示が直線的に並んでいる場合、観覧に飽きた子どもが走っていた。叱りやすくもあった。子どもは、次の部屋が見えるとなにがあるか見ようとする。次の部屋があるから近づき、向こう側が見えない

からなにがあるか見るために走ってしまう。次の部屋、次のコーナーにアフォードされるのである。子どもは、全部を早く見たいのである。体験コーナーも増え、触ったり、遊んだりできる工夫がされている。誰かがなにか見つけて声を上げるとそこへ走る。一人が走ると、他の子どもも走り出してしまう。

　ただし、走るところんだり、展示物にぶつかって壊すこともある。困る場合ははっきりと口頭で注意しなければない。また、ふざけすぎや意図的な破壊に対しては、毅然とした態度をとる必要がある。また、貴重なものであることを示し、触っていけないものと触ってよいものを明確に区別できるように表示するのは、人類の貴重な財産を管理する博物館学芸員として当然なすべきである。

　博物館を何度でも見に来る場所ととらえれば、館内すべてを1回で見るのではなく、1か所だけピンポイントで見る場所を作ったり、何周もできる工夫や全体を把握できる工夫が必要であろう。体を動かす場を作ることもよいであろう。博物館での楽しい体験が、博物館にまた来ようというリピーターを増やすことになるのである。

　その際、博物館の立場、考え方をはっきり伝えるべきである。学校の教師や大人の来館者の多くは、従来のまま、触ってはいけない、静かに見るべきという考え方を持っているのである。今でも、博物館に出かけるときに「走らない」「しゃべらない」「触らない」という三つの約束をしているところは多いのである。　　　　　　　　　　　（村野井均）

〔参考文献〕
佐々木正人（1994）『アフォーダンス』岩波書店
J.J. ギブソン（1986）『生態学的視覚論』古崎敬ら訳　サイエンス社
福島真人（2001）『暗黙知の解剖　認知と社会のインターフェイス』金子書房

ミニ演習問題

　子どもの行動を抑制したり、促進しながら、博物館を巡回させるデザインを考えなさい。予算は考慮しなくてよい。なぜ、そこで抑制あるいは促進するか説明しなさい。また、そこに、どのような解説をつけるかも考えなさい。

第6章

新たなメディアへのいざない：
博物館メディアリテラシー

第6章 新たなメディアへのいざない

　国立民族学博物館初代館長の梅棹忠夫（1920-2010）は、著書『メディアとしての博物館』（1987）のなかで、博物館はモノだけではくモノとそれに関わるさまざまな情報こそが、博物館の最も重要な収集対象であると述べ、博物館の仕事については以下のように示している。

　　博物館は、情報機関であります。それぞれの分野に応じて、ひろく情報を収集し、蓄積し、変換し、創造し、伝達する。そういう機関であります。そして、蓄積された膨大な情報のなかから、最新の、正確な知識を市民に提供する、これが博物館の仕事であります。……（略）……そもそもなんのために知識・情報を提供するのかといえば、市民に、未来の人間生活を構築するために、あやまりのない世界像を形成する材料を提供することだ、といってよろしいかとおもいます。

　今後の学芸員には、欧米の博物館などにおける、エデュケーター職（curator：教育活動担当）に相当する専門能力が、さらに高い次元で求められるであろう。その際、学校教育でおこなわれている教育環境（メディア等を含む）や教育活動についての最新の動向について理解していることが望ましい。博物館の展示は、研究者の視点で編集されたモノ、情報（文字、画像、映像等）等から構成されている。しかし児童生徒、教員はもちろん、一般市民においても、各博物館の特徴や意図を理解し使いこなす力、すなわち「博物館リテラシー」は、まだまだ不十分である。

　モノと情報、アナログとデジタル、博物館（専門家）と市民。これら相対する二つのものを、モノを媒体とする教育機関である博物館がその独自の学びを通してむすびつけることを期待されているのである。博物館の情報・メディアを理解し使いこなす力である「博物館メディアリテラシー」は、知識基盤社会における市民の形成につながる大切な基礎能力のひとつである。

　そこで本章では、2011（平成23）年に文部科学省より示された「教育の情報化ビジョン」に基づいて、学校教育におけるさまざまな情報・メディア関連の動向について解説する。その際、可能な限り実際の学校での実践を紹介しながら、背景となる学習理論および実践上の留意点について考察を加えるものとする。

1. 教育におけるメディア利用のさまざま
：「学びのイノベーション」

1.1 文部科学省「教育の情報化ビジョン」

　学校教育における「教育の情報化」に対する改善の指標が、かつてないほどの頻度で示されている。まず2009（平成21）年3月30日に、新しい学習指導要領に対応した情報教育に関する手引きとして「教育の情報化に関する手引き」が文部科学省より示された。前の学習指導要領の時の「情報教育の手引き」という名称から、「情報化の手引き」に変わったことが示すように、情報教育（情報活用能力の育成）からICT（情報通信技術（Information Communication Technology）とそれらを用いた授業、以下「ICT」と略す）の活用へとその中心的な課題が変化したことの表れである。「情報化の手引き」に関連して文部科学省は、2015年の教室の未来像として以下のようなイラストを示した（図1）。

図1　2015年の教室の未来像（JAPET：日本教育工学振興会より）

　そして2011（平成23）年4月28日には、新しい学習指導要領に対応して「教育の情報化ビジョン」（以下「情報化ビジョン」と略す）が示された。ここでは2020年度までに、児童生徒に一人1台の情報端末の整備をおこない、デジタル教科書（指導者用デジタル教科書・学習者用デジタル教科書）の教育効果や紙媒体教科書の在り方、インフラの整備、教科書検定制度や著作権を含めたトータルな構想が示されていることが特徴である。

　情報化ビジョンでは、つけたい力としてATC21S（Assessment and Teaching of 21st Century Skills）という21世紀型スキルをより具体的に明示している。ATC21Sは、思考の方法（創造性と革新性、批判的思考・問題解決・意思決定、学習能力・メタ認知）、仕事の方法（コミュニケーション、コラボレーション&チームワーク）、学習ツール（情報リテラシー、ICTリテラシー）、社会生活（市民性、生活と職業、個人的責任および社会

的責任）の四つが主な技能とされ、情報通信技術（ICT）の活用を基とした情報教育に関連が深いものである。

　また学習形態においても、ATC21Sの技能を身につけるために、情報通信技術（ICT）を活用し、一斉学習および個別学習に加えて、子どもたち同士が教え合い学び合う協働的な学び（協働学習）を推進することにより、基礎的・基本的な知識・技能の習得や、思考力・判断力・表現力等の主体的に学習に取り組む態度の育成が求められている。

　上図の「2015年　教室の将来像」が示すような電子情報ボードを備え、タブレット型情報端末によるグループ学習、そしてフィールド・ワークにおける情報端末を活用する学びの姿は、2013年の現時点においても着実に実現しつつある状況であると考えられる。教育の情報化は着実に実現しつつあり、博物館における情報・メディアに関わる者としてその動向を注視したい。そこで次節以降に、教育の情報化の骨子となる二つの項目、デジタル教科書・教材と、タブレット型情報端末について概説する。

1.2　デジタル教科書

　ビジョンでは、デジタル教科書を、「デジタル機器や情報端末向けの教材のうち、既存の教科書の内容と、それを閲覧するためのソフトウェアに加え、編集、移動、追加、削除などの基本機能を備えるもの」であると定義している。デジタル教科書は、主に教員が電子黒板等により子どもたちに提示して指導するための「指導者用デジタル教科書」と、学習者が個々の情報端末で学習するための「学習者用デジタル教科書」に大別されている。

　指導者用デジタル教科書は、教科書の内容を引用しつつ、任意箇所の拡大、任意の文章の朗読、動画など、わかりやすく深まる授業に資する機能を有している。指導者用デジタル教科書については、多くの教科書発行者が開発を進めている。これらの開発を更に促進するとともに、学校設置者が容易に入手できるような支援方策を検討する必要がある。なお今後は、例えばインターネットを活用して他のウェブサイトを参照したり、教員と子どもたちの間の双方向性のある授業に活用したりすること等も考えられる、とされている。

　学習者用デジタル教科書については、子どもたちひとりひとりの能力や特性に応じた学び、子どもたち同士が教え合い学び合う協働的な学びを創造していくために、子どもたちひとりひとりの学習ニーズに柔軟に対応でき、学習履歴の把握・共有等を可能とするような学習者用デジタル教科書の開発が求められる。さらに、単に紙媒体の教科書の内容がそのまま表されるだけではなく、例えば、現在の指導者用デジタル教科書が有する音声の再生、動画、拡大等の機能に加え、インターネットの活用、教員と子どもたち、または子どもたち同士の間の双方向性のある授業、ネットワークを介した書き込みの共有が求められる。また、教員による子どもたちの学習履歴の把握、子どもたちの理解度に応じた演習や家庭・地域における自学自習等に資すること等が考えられるとしている。

　以上のように情報化ビジョンでデジタル教科書の要件が示されたことによって、平成

23年度からの新学習指導要領の完全実施を契機として、指導者用デジタル教科書についてはすべての教科書発行者から何らかの形で提示されている。だが、学習者用デジタル教科書については大手の教科書発行者が一部、実験的に発行しているという状況である。

そのようななかで、日本教育工学振興会（2010）は、学習者用デジタル教科書について必要な機能として、「マルチメディア提示機能、教材カスタマイズ機能、関連教材・資料へのリンク機能、内容の自動更新機能、学習習熟度に応じた演習問題提供機能、学習者データの収集・分析機能、学習者の入力インタフェース機能、コミュニケーション機能、各種ツール（資料まとめ・発表・資料の協働製作・音楽、美術等の創作・辞書、事典）機能」の九つの要素を示している。将来的には学校の通信環境整備が整うに従って、学習者用デジタル教科書も徐々に充実の方向で進んでいる。

このような我が国のデジタル教科書についての方向性は、デジタル教科書の先進国である韓国を見本として検討されている。韓国のデジタル教科書はその定義を、「児童生徒がいつでもどこでも、自ら進んで学習できる未来型教科書で、既存の書籍型教科書の内容はもちろん、参考書、問題集、学習辞典、ノートなどをすべて含むものである」ととらえられている。指導者用デジタル教科書・教材は、電子情報ボード等のICTと組み合わせて用いられることが多く、その指導方略についての教員研修が盛んにおこなわれている（写真1、2）。

写真1　デジタル教科書を用いた指導方略の教員研修（千葉県総合教育センター）

写真2　教育実習前にスマート・ボード（IWB）の講習会（文教大学教育学部）

1.3　学習者用デジタル教科書に適したタブレット型情報端末

近年ノート型のパーソナルコンピュータはますます軽量、小型となってきているが、それ以上にタブレット型のパーソナルコンピュータの普及が急速に進んでいる。デジタル教科書、特に学習者用デジタル教科書に適した情報端末を考えると、教室の内外を問わず利用することができる、家庭でも地域でも学校と同様に学ぶことができるという点からもタ

ブレット型の情報端末が有効であろう。我が国がデジタル教科書・教材の先進的な国として研究している韓国では、タブレット型のパーソナル・コンピュータを用いて新しい指導方略の研究をおこなっている（写真3）。それをモデルとした日本におけるフューチャー・スクールにおいても同様の機能、形状のものが使用されている（写真4）。

（左）写真3　韓国デジタル教科書研究校におけるタブレット型パソコンの活用（九一小学校：ソウル市）
（右）写真4　日本のフューチャー・スクールにおけるWi-Fi機能を備えたタブレット型パソコン（コラボ・ノート）による学び合いの授業（上越教育大学附属中学校）

　ただ、現在市販されているタブレット型のパーソナルコンピュータは、いずれも学校教育における活用を念頭に置いて開発、販売されたものではない。そのためフューチャー・スクールの実証研究等においても、デジタル教科書・教材の機能との役割分担に関する検討がなされている。具体的には、学校種、発達の段階、教育効果、指導方法、子どもたちの健康等を考慮して、情報端末がどのような目的・場面で活用されることが適切かつ有効なのか、授業における指導に必要な機能は何なのか等について、検討されている。現状では、将来的に学習者用デジタル教科書を想定して、学習者に1人1台配布される情報端末は、単なるノート型ではなく、学校でも家庭はもとより、地域へも持ち運びができるタブレット型のものと考えられる。

1.4　協働学習と「学びのイノベーション」

　複数の学習者がグループになって、ひとつの問題を調査したり、議論したりしながら学習する形態を協調学習（collaborative learning）あるいは協働学習（cooperative learning）と呼ぶ。授業の中でグループ活動を取り入れることは、従来の教育現場でも頻繁におこなわれてきた。協調・協働学習では、単に学習を支え合うだけでなく、相互に啓発されながらひとつの問題解決に取り組むことが特徴である。さらに　Koschmann(2002)は、Computer Supported Collaborative Learning（コンピュータ支援による協働学習、以下「CSCL」と略す）を、情報技術を利用して、学習者が他の学習者と相互にコミュニケーションをとりながら、協同して問題解決に取り組んだり、それを通して考えを深めたり、新たな知識を構築している教育実践、あるいはその学習活動の支援環境を研究する領

域の総称としている。

　これは学習者同士が自分と相手の状況を常に把握していることである。コンピュータやネットワークがコミュニケーションを媒介することで、学習者同士がお互いの状況を空間的、時間的制約を越えて、いつでも可視化できるのが特徴のひとつであり、デジタル機器の機能の発達にともなって可能性が拡がっているといえる。

　近年、日本でも教科書に載っている知識をただ教えていくのではなく、キーコンピテンシー（PISA型の学力）に代表されるような、実社会を生き抜いていくための力を育成することが重視されており、子どもたち同士が教え合い学び合う協働学習に焦点が当てられている。

　日本の学校には元々「学校とはみんなで学ぶことを学ぶ場である」という文化があった。これは、CSCLの学習者同士で知識を獲得していくという概念と非常になじみやすい考え方である。今後我が国の学校においてインフラの整備が整えば、学びのイノベーションとしての協働学習は、実現の可能性の高い取組みであり、それを現状の環境下で少しずつ準備し、指導方略とICT環境のシステムモデルを構築していくことが必要である。

2. タブレット型端末の活用

2.1 教育におけるタブレット型端末iPad活用の現状

本節では、学校教育、特に義務教育におけるタブレット型端末の活用について述べるとともに、博物館におけるタブレット型端末活用の可能性について検討する。タブレット型端末は、数種類の機種が発売されているが、ここでは米国アップル社のタブレット型端末であるiPad（以下「iPad」と略す）を活用した授業実践について報告する。

学校教育の現場においてiPadを活用した授業は、まだまだ一部の先進的な学校または教員による実験的な取組みの段階である。これらの実践は、文部科学省が示した2020年のデジタル教科書・教材、タブレット型端末等導入の準備という視点だけでなく、今ある最新のメディアや通信環境等を最大限生かそうという発想から取り組まれているものである。

結果的にはアップル社のソフトとハードの連動の信頼性、アプリケーションの豊富さ、美しさ楽しさ、そしてバランス等からiPadが教育の現場で選ばれる場合が多いが、あくまでもそのタブレット型端末の機能として述べるものとする。以下に実践事例を示しながら、タブレット型端末を用いた学習指導上の留意点にも言及して実践の考察をおこない、博物館における活用について検討する。

2.2 iPadの機能

iPadとは、Apple社が販売する、9.7型インチのタッチパネルを搭載したタブレット型端末の名称であり、電子書籍リーダーとして始まった。同時に「アプリ」と呼ばれる目的に応じて使うさまざまなソフトウェアが挿入できる便利な情報端末でもある。初代モデルのiPadは2010年1月に発表、同年4月に発売された。2011年4月には、2代目の「iPad 2」が発売されている。その際、フロントおよびバックカメラが搭載され、静止画と動画の撮影機能が加わった。2012年3月に第3世代iPadが発表され、静止画と動画撮影の解像度がさらに上がった(静止画1枚のデータ量は約2MB)。なおiPad用のアプリは、ビジネス、教育、エンターテインメント等多岐にわたり、現在約20万以上ともいわれている。

2.3 iPadを活用した授業実践

2.3.1 静止画の拡大・縮小：協働学習につながるグループ学習

情報化ビジョンでは、情報化が進展するなかで、学校においてはICTの特徴を最大限

活かした一斉学習・個別学習に加えて、子どもたちが教え合い学び合う「協働学習」の充実が求められている。自分で考え行動できること、その上で他者と協力して助け合いながら「生きる力」を育むことを、改めて強調されている。

そこで今田ら（2010）は、初代 iPad が発売された当初（2010 年 5 月）より 3〜4 人で 1 台を使用するグループ学習での有用性を検討してきた。従来、デジタル教材および ICT を活用する際の評価の観点としては、「知識・技能の定着」「学び方の補完」「イメージの拡充」の三つが一般的であった。そこに iPad 等、タブレット型情報端末の登場によるグループ学習の実現によって、お互いに影響を与えながら高まる「相互啓発」の観点を新たに設定して授業づくりに取り組んだ（表 1）。

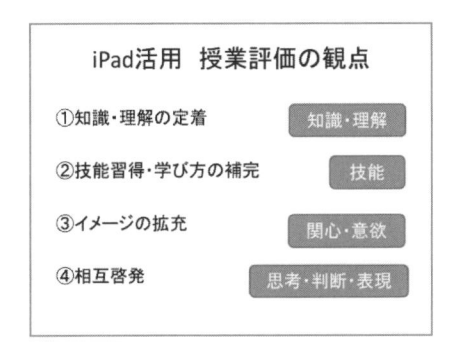

表 1　iPad を活用した授業評価の観点例　　写真 5　iPad を媒体として対話を促進

写真 5 に示した実践は、iPad によるグループ学習であり、基本的には静止画と動画の拡大・縮小機能を利用し、対話を促進するためのツールとしての活用である。生徒たちは、通学路の安全学習（中学 2 年生、特活、埼玉県越谷市立大袋中学校、今西昭博教諭）のために教材としての動画を見ながら、付箋で自分の意見を iPad の周囲に張り付け、互いに意見を交わした。iPad を対話の媒体とすることで話し合いが充実することが明らかになった。他に拡大・縮小機能を活用する必然性のある授業としては、合戦図屏風等の社会科の資料集、理科の動物細胞・植物細胞の違いを理解するための顕微鏡写真等を用いたものが有効であった。iPad は今まで学校教育のなかでありそうでなかったグループ学習のための有用なツールとして熱烈に受け入れられた。

2.3.2　撮影機能（動画・静止画：フロントカメラ・バックカメラ）を活かした振り返り活動

体育の学習では自身の演技をグループで振り返り、次につなげるための思考場面の時間を大事にしている。従来ビデオカメラ等で撮影した演技の動画は、パソコンやデジタルテレビで閲覧し振り返る方法が一般的であったが、その際 ICT 機器の準備およびデータ転送の手間、タイムラグが常に課題であった。ところが 2011 年春に iPad2 が、動画・静止画をフロントカメラおよびバックカメラで撮影できる機能を備えて登場した。これにより

従来のICTの組み合わせによる振り返りの活動が、iPadだけで可能となった。

その後iPadの撮影機能を活かした、アイデアにあふれた心温まる実践が積み重ねられている。とかく性差による学習意欲の差が課題であった技術科におけるロボットづくりの題材では、リンク機構の工夫では男子が中心、iPadによる撮影およびグループでの振り返りの場面では女子がリーダーシップをとるなど、班によりiPadが媒体となってチームワーク力が高まった事例も見られた（写真6：奈良教育大学附属中学校、葉山泰三教諭）。

また体育のマット・鉄棒の授業を中心に、iPadのバックカメラ機能を活かした思考場面の充実に取り組んできた市河大教諭（埼玉県越谷市立栄進中学校）は、ハンドボール部の生徒の上達のためにiPadを鏡のように使用するアイデア（フロントカメラの動画撮影機能を活用）で、生徒が少しでも楽しく向上できるように日々工夫を凝らしている（写真7）。

今まで学校でコンピュータが堪能な先生というのは、どこか自慢げで機器を専門的に使いこなすも、学習者や同僚の先生方と微妙に距離があった。しかし、iPadは「すごい」「楽しい」「きれい」等の前向きな感覚をいかに他者と共有できるか、その状況の設定が授業デザインの要となる。これからのICT活用は、スキルに優れた先生から感性に優れた先生が中心となるであろうし、その時デジタルの授業はさらに楽しいものになるであろう。

（左）写真6　iPadフロントカメラ機能による動画撮影
（右）写真7　iPadバックカメラ機能を用いたフォーム練習

2.3.3　ハンズ・オン・マス（アナログ）とデジタルをつなぐ

博物館には、ハンズ・オン展示という方法がある。これは触ることができない従来の博物館展示方法であるハンズ・オフ（hands-off）に対して、ハンズ・オン（hands-on）と呼ばれる体験・参加型の展示方法である。この展示方法は、ボストン子ども博物館から始まったとされており、子どもの豊かな学びのために発想されたものである。ハンズ・オンの考え方を算数の世界へ応用させた学習材として、「ハンズ・オン・マス」がある。

ハンズ・オン・マスには、「パターン・ブロック」「タングラム」「ジオ・ボード」などがあり、それらは美しさ、面白さ、楽しさを追究したもので、教具というより学習者が主体的に取り組む学習材の要素を重視している。

近年、デジタル教科書・教材およびICT活用が学校教育に普及するに伴って、デジタルと対をなすハンズ・オン・マス（アナログ）との連携を工夫した授業実践が多く見られるようになってきた。ここで紹介する算数の授業は、図形に関する感覚を養うことを目的としたタングラムを用いた授業である。タングラムとは、正方形の板を三角形や四角形など七つの図形に切り分け、さまざまな形を作って楽しむパズルの一種であり、代表的なハンズ・オン・マスのひとつである。

児童はまず個人で木製のタングラムを用いて与えられた課題の解決に取り組む（写真8）。その後、iPadのアプリである「デジタル・タングラム」を用いてグループで協力して新たな難題に取り組むという授業構成である（写真9）。この授業では、個人と集団、アナログとデジタルをiPadによって使い分け、またつなげることで、授業にメリハリとリズムをもたらしている。本実践は実習生（村橋直樹：文教大学教育学部4年生、埼玉県越谷市立大沢小学校、荒井一郎校長）の研究授業での取組みの一部である。

（左）写真8　タングラム（ハンズ・オン・マス）を用いた個人解決
（右）写真9　タングラム（iPadアプリ）を用いた集団解決

以上のように学校教育の現場では、ICTやデジタルの活用が注目されるに従って、改めて視覚、聴覚、触覚そして嗅覚に留意したハンズ・オン・マスの学習材が見直されつつある。数種のタブレット型端末のなかで、iPadは使いやすさと指による操作の心地よさ、楽しさで一日の長がある。ハンズ・オン・マス、博物館のハンズ・オン展示、そしてiPadと、今後は触覚メディアとしての特性がさらに注目されるであろう。

2.4　iBooks Authorによるマルチタッチブックの可能性

iBooks Authorは、2012年1月にApple社が発表したiPad用のマルチタッチ形式のデジタル教科書作成ツールである。テキスト、図形、グラフ、表、静止画（3Dを含む）、動画、音声、HTMLそして練習問題（2択〜6択）まで挿入することができるため、紙ではできなかったマルチメディア機能を備えた教材やレポートの作成が容易にできるようになった。iPadは、iBooks Authorで作成した電子書籍・教材と組み合わせて、特に博物館のフィー

第6章　新たなメディアへのいざない

ルドワークでの活用が期待できる（写真10、11）。

（左）写真10　iPadの電子書籍（iBooks Authorにより作成）を用いた事前学習
（右）写真11　iPadの電子書籍（iBooks Authorにより作成）を用いた現地学習

3. メディアリテラシー

3.1 リテラシー

　一般にリテラシー（literacy）といえば読み書きのできること、つまり「識字」のことをいい、識字率（literacy rate）という使用法の方が一般的である。読み書きできること、すなわち文字を自由に扱えることから転じて、「教養」といった使われ方もされる。「コンピュータリテラシー」「メディアリテラシー」等、リテラシーと何かの用語が結びついている場合は、それについての基本的な知識があり、またそれを操り活用することのできる能力、ととらえることができる。

　「識字」という言葉は、識字運動と関連して使われることが多い。識字運動は、『大辞林』第3版によると、「貧困や差別などのために教育を受ける機会を得られなかった人が、文字の読み書きを学ぶ運動」とある。これは本章の冒頭で述べた初代国立民族学博物館館長の梅棹忠夫のいう「博物館は、そもそもなんのために知識・情報を提供するのかといえば、市民に、未来の人間生活を構築するために、あやまりのない世界像を形成する材料を提供することだ」という言葉にも通ずるものがある。すなわち最終的には、リテラシーとは主体的、自立的な市民の育成を目指した概念ととらえることができる。

3.2 メディアリテラシーからメディア・インフォメーション・リテラシーへ

3.2.1 メディアリテラシーの定義

　現代はテレビだけでなくネットやスマートフォンなど新しいメディアが登場してきた。高度な情報社会となった今、大人も子どもも単なる文章の読み書きだけでなく、さまざまなメディアの読み書き、すなわちメディアからの情報を適切に読み取ったり、発信したりする基本的な力である「メディアリテラシー」が求められる。メディアリテラシーについて総務省は、①メディアを主体的に読み解く能力、②メディアにアクセスし、活用する能力、③メディアを通じコミュニケーションする能力、特に、情報の読み手との相互作用的コミュニケーション能力、の三つを構成要素とする複合的な能力のこととしている。

3.2.2 批判的思考：メディア・インフォメーション・リテラシー

　これからの知識基盤社会を生きる子どもたちは、情報を批判的にじっくりと吟味して受け取り、それを活用し、なおかつ情報を適切に発信する能力を身につける必要があり、そのためのさまざまなメディアの特性を理解することが必要である。そしてリテラシーという言葉が示すように、最終的には主体的、自立的な市民の育成を目指すものとして取り組

みたい。

　学校教育においては従来、情報教育・ICT 教育とメディアリテラシー教育とは密接に関連しながらも別のものとして扱われてきた。情報教育は、「情報活用の実践力」「情報の科学的理解」「情報社会に参加する態度」の三つの構成要素からなる情報活用能力の育成を目標にしている。ICT 教育は、教科等の目標を実現するための「わかる授業」を主な目標として取り組まれてきた。情報教育・ICT 教育と、メディアリテラシー教育。両者の大きな違いは、「批判的思考」へのウエイトのかけ方の差であるととらえられてきた。

　ところがユネスコが 2008 年に「メディア・インフォメーション・リテラシーのための教員研修カリキュラム」という文書を公表し、情報教育とメディアリテラシー教育を統合する概念を提示した。博物館は、実物を媒体とする教育メディアである。博物館の情報およびメディアに対するアプローチには、メディア・インフォメーション・リテラシーの概念が有効である。

3.3　博物館メディアリテラシー

3.3.1　ハンズ・オン展示

　多くの博物館では、展示資料（モノ）を見るだけでなく、触ったり操作したりできるハンズ・オン・コーナーが設置されている。これは触ることができない従来の博物館展示方法であるハンズ・オフ（hands-off）に対して、ハンズ・オン（hands-on）と呼ばれる体験・参加型の展示方法である。この展示方法は、ボストン子ども博物館から始まったとされており、その博物館のもつ教育的なモノがハンズ・オン・コーナーに象徴的に凝縮されている。

　さらにハンズ・オン・コーナーに焦点をあてることによって、知識・理解中心の従来の学校方式の学びを超えて、身体的・感覚的な学びへと発展させることが可能である。モノの知識とその背景となる文化理解を目的とする学びではなく、モノそのものを通じて感性的な感覚（視覚・聴覚・触覚・嗅覚）を養うアプローチである。モノには文化的な意味と、その操作・使用を通して得られる身体的・感覚的な意味とがある。モノが使われている状況に思いを馳せる想像力やモノが発するオーラを感じる力まで想定したい。図 2 に学校方式と博物館方式の学びの違いについての大まかなイメージ図を示す。

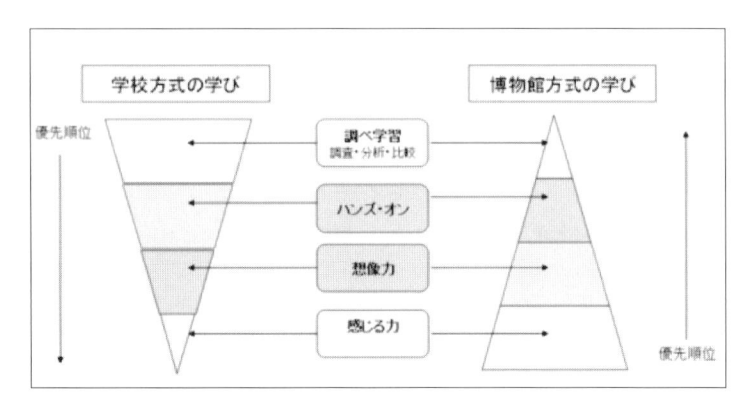

図 2　学校と博物館の学びの比較イメージ図（今田作）

3.3.2 デジタルミュージアム構想

2007年文部科学省は、「新しいデジタル文化の創造と発信（デジタルミュージアムに関する研究会報告書）」において、文化資源の次世代型デジタル・アーカイブ化およびアーカイブの活用・流通・ネットワーク化に向けた技術の研究開発や、「デジタルミュージアム」の実証に向けたシステムの研究開発構想について示した。

「デジタルミュージアム構想」では、オリジナルな実物資料（モノ）との出会いを基調としながら、その周辺の情報をバーチャルな面も含めさまざまな形で受容し、体感できる文化的な装置としてのメディアとなり、ネットワークの活用と流通によって距離的、物理的なバリアーをも克服し、ひいては人類の幸福に貢献することを目指す、としている。博物館のデジタル情報については、Webサイトはもちろん、館内のさまざまな情報システムも年々充実しており、その研修もおこなわれている（写真12、13）。

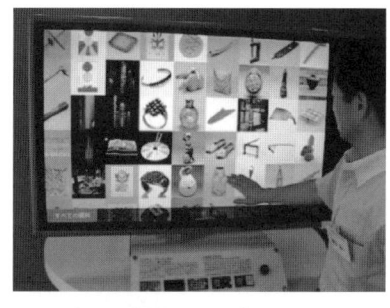

（左）写真12　国立民族学博物館の「イメージファインダー（Image Finder）」：展示物の関連情報をマルチタッチモニターで直感的に検索できるシステム
（右）写真13　国立民族学博物館における博物館デジタルデータ活用の教員研修

3.3.3 博物館メディアリテラシーについての教員研修

博物館の実物資料（モノ）とそれに関連するさまざまな情報に対して、メディア・インフォメーション・リテラシーの概念でアプローチすることが重要である。メディア・インフォメーション・リテラシーは、情報教育、ICT教育とメディアリテラシーの概念を統合したものであり、各種メディアの活用方法の習得も身につけるべき技能となる。

国立民族学博物館では2005年より、博物館メディアリテラシーの視点に基づいた教育研修をおこなっている。これは国立民族学博物館と日本国際理解教育学会が連携した事業であり、毎年夏休みに全体会と七つ程度の分科会で実施されている。ここでは筆者が関わった2011年度の「民博のデジタル・コンテンツを利用した授業づくり」について概略する。

博物館を利用した学習において、最も重要なことは実物に出会うまでのストーリーづくりである。事前にWebサイトやパンフレットから興味をもった展示資料（モノ）について調べ、当日実物に出会った時の感動をどう演出するかがポイントとなる。これは修学旅行や郊外学習も同様であり、フィールドワークには事前学習はとても重要である。

博物館のデジタル情報が充実したことにより、このような事前学習は比較的容易に取り組めることが可能になったが、今後は「現地学習」、すなわち、現地に行かなければわからないことをまとめて記録する学習のあり方が重要である。これはiPad等の携帯性に優れたタブレット型情報端末が普及したことで可能になった新しい学びである。

そこで本研修では、事前におこなった民博のアイヌの家（チセ）の実物展示を対象に、事前学習の内容をあらかじめiPadに挿入。当日は、現地に行かなければわからない現地学習用の「クイズ」をiPadで作成する実習をおこなった。iPad用の現地学習用のクイズ作成ソフトウェア（アプリ）は、Java Scriptを用いて作成していたが、2012年度はiPad用のマルチタッチブック作成ソフトウェアである「iBooks Author」が登場し、さらに簡単に現地学習用の記録および教材が作成できるようになった（写真14、15）。

iPadを利用する学校は確かに増えているが、まだまだ一部の先進的な実験的な学校だけにしか無線LANの環境が整備されていないのが現状である。しかし多くの博物館では、館内に無線LANの環境が整備されているので、iPadの情報端末としての機能を最大限活かすためにも、このような博物館におけるフィールドワークでの使用はさらに有意義である。

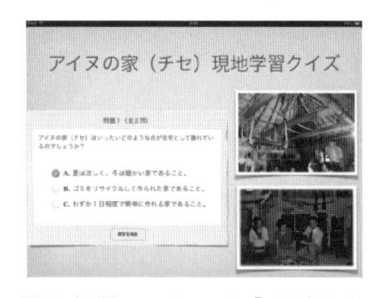

（左）写真14　iPadを用いた民博での教員研修の様子（民博：アイヌの家「チセ」において）
（右）写真15　iBooksによるiPad用現地学習クイズ

以上のように博物館メディアリテラシーは、メディアの発達によってさらに多様となる学習の形態、方法に対応したものでなければならない。しかし、博物館の学びの原点は自発的な学びである。博物館は内的な知的好奇心を刺激し、そこで知的欲求に目覚めた人がさらに踏み込んで学ぶことができる場である。学校のように知識を詰め込む場ではない。ただ博物館での自由な学びは、とかく独りよがりになりがちな面もある。

そこで博物館の学びにメディアリテラシーの視点をとりいれた「博物館メディアリテラシー」では、教え合い、学び合う協働学習の理念を大切にして学習プログラムの開発に留意している。本研修が最も重視しているコンセプトは、「学びを広げ、つなげる博物館」の可能性の追究である。

（今田晃一）

〔参考文献〕

梅棹忠夫（1987）『メディアとしての博物館』平凡社、p.17

文部科学省（2012）「教育の情報化ビジョン」

安藤慶明（文部科学省初等中等教育局参事官）「教室のICT環境の将来像―未来の教室の姿―」http://www.kenkocho.co.jp/pdf/135_04ay.pdf(2012.9.6 取得)

学校教育におけるデジタル教科書の位置づけと機能、社団法人日本教育工学振興会（JAPET）、2010

DiTT（デジタル教科書教材協議会）http://ditt.jp/(2012.9.6 取得)

今田晃一・大西久雄・村山大樹（2011）「CSCL（コンピュータに支援された協調学習）につながるタブレット型情報端末（iPad2）の有用性」文教大学大学院教育学研究科『教育研究ジャーナル』4,(1)：9-11

今田晃一（2011）「デジタル教科書の動向とその指導方略としてのCSCL（Computer Supported Collaborative Learning）の検討」『文教大学教育研究所紀要』20：7-14

Koschmann,T.(2002)"*Dewey's contribution to the foundation2 of CSCL research*". Proceedings of Computer Supported Collaborative Learning 2002：17-22

今田晃一・大西久雄・村山大樹（2010）「タブレット型情報端末（iPad）を用いた授業づくりの可能性」、文教大学大学大学院『教育研究ジャーナル』VOL.3 No.1:11-12

市河大・漆崎英二・今田晃一（2011）「体育におけるタブレット型情報端末機（iPad）を用いた実践―マット運動の思考場面における協働的な学びを目指して―」文教大学大学大学院『教育研究ジャーナル』Vol.3 No.2：11-12

坪田耕三（1998）『ハンズオンで算数しよう―見て、さわって、遊べる活動―』東洋館出版社

今田晃一（2012）「教育におけるiPad活用」教育家庭新聞マルチメディア号連載記事、Webサイト版
http://www.kknews.co.jp/maruti/rensai/2012n/0702_6b.html

坂本旬（2008）「メディア・リテラシーとは何か」国民教育文化総合研究所『メディア・リテラシー教育研究委員会報告書』
http://www.kyoiku-soken.org/official/report/userfiles/document/2008media.pdf
（2012.9.6 取得）

総務省「放送分野におけるメディアリテラシー」
http://www.soumu.go.jp/main_sosiki/joho_tsusin/top/hoso/kyouzai.html
（2012.9.6 取得）

UNESCO, Teacher Training Curricula for Media and Information Literacy - Background Strategy Paper -International Expert Group Meeting (Paris, June 2008)
http://portal.unesco.org/ci/en/ev.php-URL_ID=27068&URL_DO=DO_TOPIC&URL_SECTION=201.html　（2012.9.6 取得）

文部科学省（2007）「新しいデジタル文化の創造と発信（デジタルミュージアムに関する研究会報告書）」
http://www.mext.go.jp/b_menu/shingi/chousa/sonota/002/toushin/07062707.htm
（2012.9.6 取得）

ミニ演習問題
1. 博物館のWebサイトを利用して、事前学習のために有効と思われる情報を集めよう。
2. 文部科学省の「デジタルミュージアム構想」に基づいたものと考えられる博物館の情報システムについて調べよう。
3. 博物館の現地学習用のワークシートを、校種、学年を明確にして作成してみよう。

第7章

モノが語る・メディアが語る：
メディアを活用したさまざまな
展示手法

1. メディアによる展示手法の構造

1.1 メディアによる展示手法の構造

　博物館の情報ソースはモノ、つまり実物資料にある。博物館の社会的性格からモノのエンドユーザーは一般大衆であり、博物館の展示は、その一般大衆に対して、モノをどのように展示公開するかが最大の課題とされてきた。博物館展示を源流にまで遡れば、モノは美術品や宝物的な文化財等であることが多く、それらはそれ自体で展示者の主観的な企図や見る側の知識レベルを超えて感動を与える、一種のメディアのような役割を担ってきた。近年では、社会の成熟とともに快適な鑑賞環境へと施設整備が進み、モノを後世に伝えるための保存に対する取り組みも識者や専門家らによっておこなわれ、展示と保存の両立が緊密に図られている。

　一方、博物館の資料には、それのみでは関心や感動を誘わない、一見ガラクタのように、無価値に思われる資料がある。美術品等と異なり見栄えも貧相だが、学術的には重要なポテンシャルを持つものも少なくなく、そこに価値を見出し、その成果を知識や情報として一般大衆にわかりやすく、印象深く伝えることが博物館に求められる。

　そこでは、研究者によって知識化、情報化された研究成果がテーマに凝縮され、そのテーマの抽象的な概念が、具体性の強い展示手法によって不特定多数の人々に、平易に興味深く伝えられる。研究者（学芸員ら）の学術成果を市民社会に広く開くメディアとしての展示の機能と役割は、見本市や博覧会、商業施設等の隣接する市場の発展、成長を背景に産業化が進展し、今日の博物館展示では、展示プランナー、展示デザイナーをはじめグラフィック、映像、造形、コンピュータなどの各工種別展示技術者らの参入によって綿密で念入りな準備と計画が博物館展示の各工程を通して定着している。

1.2 多彩な広がりを見せる現代の博物館展示

　モノもテーマの概念を具体的に伝えるメディアのひとつだが、テーマに基づいて各種の具体的要素を視覚化したり、要素間の関係を組織化、結合し提示するなど、展示に用いられる手法が情報伝達のメディアとして開発、導入されている。

　これらの伝達メディアは博物館展示がテーマとねらいを持つことによって、ますます重要性を高めグラフィック表現、造形表現、視聴覚システムを導入した表現など、利用者のニーズや技術の進展とともに高度化され、メディアの組み合わせやネットとの連携、パーソナルな携帯情報端末機器の普及、活用などを背景に博物館展示の情報環境に多彩な広が

りが見られている。

　現在では、これらのメディアに加えて、会話や実験、演示、演劇体験など送り手、受け手双方の五感を通して、展示での学びを深耕し、新たな創造へと発展させていく普及活動が、エデュケーターやコミュニケーターらによって活発におこなわれるようになっているのも特色である。

　参考として現在、博物館展示で用いられるメディアの一覧を紹介する。

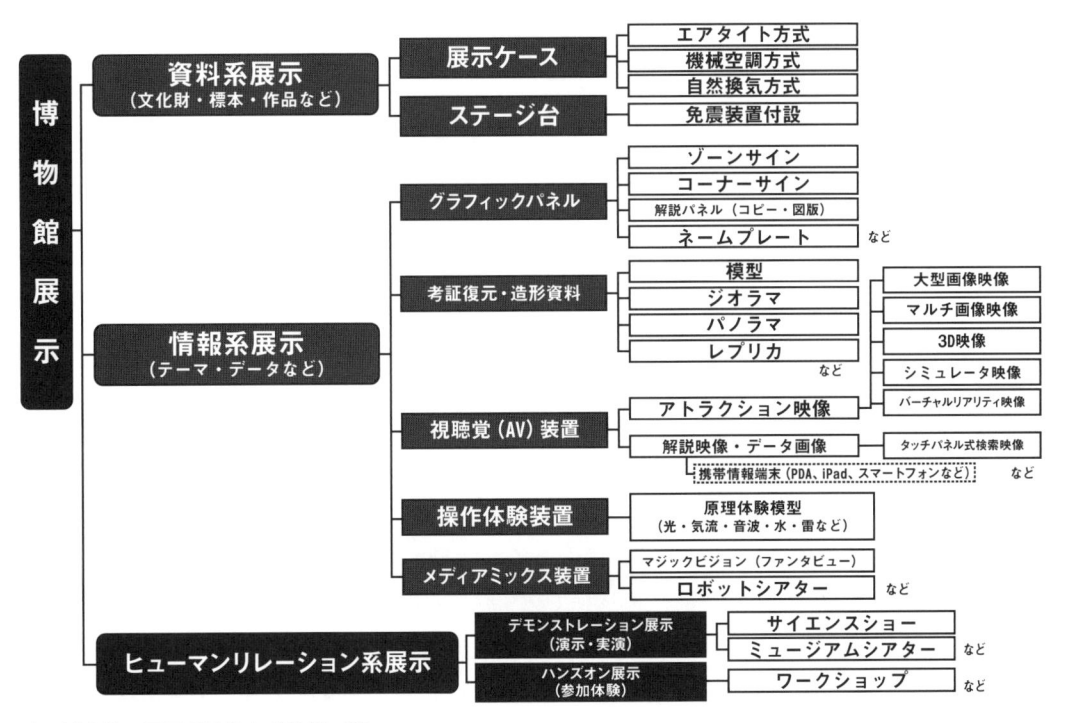

博物館展示	資料系展示（文化財・標本・作品など）	展示ケース	エアタイト方式
			機械空調方式
			自然換気方式
		ステージ台	免震装置付設
	情報系展示（テーマ・データなど）	グラフィックパネル	ゾーンサイン
			コーナーサイン
			解説パネル（コピー・図版）
			ネームプレート　など
		考証復元・造形資料	模型
			ジオラマ
			パノラマ
			レプリカ　など
		視聴覚（AV）装置	アトラクション映像（大型画像映像／マルチ画像映像／3D映像／シミュレータ映像／バーチャルリアリティ映像）
			解説映像・データ画像（タッチパネル式検索映像）
			携帯情報端末（PDA、iPad、スマートフォンなど）　など
		操作体験装置	原理体験模型（光・気流・音波・水・雷など）
		メディアミックス装置	マジックビジョン（ファンタビュー）
			ロボットシアター　など
	ヒューマンリレーション系展示	デモンストレーション展示（演示・実演）	サイエンスショー
			ミュージアムシアター　など
		ハンズオン展示（参加体験）	ワークショップ　など

表　博物館の展示手法および技術一覧

2. 映像展示のさまざま

「博物館展示」を構成する情報伝達メディアの中で、「映像展示」、すなわち視聴覚メディアは、社会全体の情報化の進展とソフト、ハード両面にわたる技術革新を背景に新旧の交代が著しい分野である。博物館展示においてもシステムのバージョンアップや機種の世代交代等が、予想以上の早いサイクルで迫ってきている。こうした対応には、まとまった予算措置がともなうことから、博物館によっては初期投資後の視聴覚メディアの改善や更新ができないままのケースが少なくない。視聴覚メディアを導入する際には、機器などのハード面はもとより、日々の調査研究の成果がタイムリーにアーカイブ化され、同時に展示に反映されるよう、ソフト面での予算計上を事業計画のなかに常に組み込んでおくことが肝要である。

現在の博物館展示では、視聴覚メディアによる演出と用途は大きく二つに分けられよう。すなわち、アトラクション的性格を強く意識した博覧会的な演出と、データや解説情報を利用者自らが検索し取り出し、電子図書のように知識を得るタイプ等である。

前者は、団体での利用を想定したものが多く、上映される内容も、それだけで独立し、完結したものが多い。空間構成面では大型スクリーンやマルチスクリーン、全天周スクリーン等により囲い込まれたシアタータイプが多く、コンテンツ面では3D映像やCG映像など先端の特殊技術を導入した新奇性で観覧者の興味、関心を触発する訴求力に特色がある。近年では、一方向的な情報展開に観覧者の参加と行為が加わることで映像シーンが反応し、参加者に新鮮な驚きと感動、情報を与える映像展示が多く見られるようになっている。

一方後者は基本的に個人との相対を想定したものが多く、液晶やプラズマ画面などをタッチし、デジタルアーカイブされた情報ソースのなかから好みのデータを選択し抽出する双方向型のシステムが一般的になっている。

今日では、ユビキタス・コンピューティング時代を反映して、個人の間でモバイルタイプのスマートフォンやタブレット端末装置等が普及し、パーソナルな関係での情報の受発信が定着しつつある。そうした個人ユースの携帯情報端末装置を博物館展示のなかで利活用する試みが普及していくことで、展示室という限られた空間から館外、世界へと情報交信の門戸開放がWebサイトを介して開かれ、博物館展示の現場がフォーラム的な学びの場に移行していくのも夢ではなくなってきている。

ここでは、アトラクション映像の事例として

①遠野市立博物館の三面マルチスクリーンを採用した「遠野物語の世界」
②鵜飼をテーマとした博物館（うかいミュージアム／岐阜市長良川鵜飼伝承館）に導入された五感に訴える参加体験型映像展示

を紹介する。清流の環境映像とそこに足を踏み入れた来館者の気配が感知され、足元の鮎が四散するリアルな出会い体験が楽しめる。

また、データや解説情報を利用者自らが検索し取り出し、知識や情報を体現するタイプの事例として、

①遠野市立博物館の「市日の賑わい」

を取り上げる。内陸と沿岸からの産物の集散地であった遠野の賑わいをタッチパネル式映像展示で紹介している事例である。加えて、

②ディスプレイスクリーン上に視覚化された展示資料のアイコン群のなかから、目的資料を選択し、タッチすることで、求める情報やデータを取り出すことのできるリサーチデスクの事例（「インフォメーションゾーン・探究広場」／国立民族学博物館）

を紹介する

基本的に個人との相対を想定したものが多く、液晶やプラズマ画面などをタッチし、デジタルアーカイブされた情報ソースのなかから好みのデータを選択し抽出する双方向型のシステムが共通している。

2.1 三面マルチスクリーンによる映像展開（「遠野物語の世界」遠野市立博物館）

地域独特の歴史や自然風土を情感豊かに、観覧者の感性に訴えかける手法に映像展示が採用されている。遠野の地域ブランドである「遠野物語」の生まれ育った文化と自然の情景が紹介され、学びと観光の拠点としての役割を果たしている。リニューアル（2010年3月オープン）を契機に、水木しげる氏によるアニメ「遠野物語」がプログラムに加えられている。（資料提供：文化環境研究所・上原裕氏）

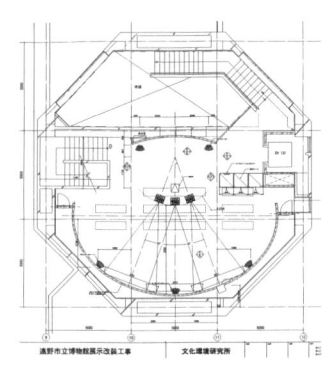

三面マルチスクリーンプロジェクター投影平面図

2.2 疑似的環境映像とバーチャルなイメージ体験（うかいミュージアム / 岐阜市長良川鵜飼伝承館）

鵜飼をテーマとした博物館のエンディングコーナーに、実写映像とCGを合成した清流の浅瀬と鮎の群れを再現。観覧者が足を踏み入れるとセンサーの感知で、足元のアユの群れが四方に散っていく。（資料提供：乃村工藝社・荻野健司氏）

2. 映像展示のさまざま

2.3 タッチパネルにスクロール機能を導入した検索式映像展示（市日の賑わい／遠野市立博物館）

「市日」での多彩な商いのやりとりを、それぞれのシーンや人物に設けられたタグに触れることによって、静止画像が動画に移行。当地の市民参加による人物の口上や会話が進行していく。

2.4 マルチタッチで画像を拡大縮小しアイテムを自由に閲覧する展示資料データベース（「インフォメーションゾーン・探究広場」／国立民族学博物館）

ディスプレイスクリーン上に展開する展示資料のアイコンをタッチすることで、求める情報やデータを取り出すことのできるリサーチデスク。（資料提供：ATR クリエイティブ・高橋徹氏）

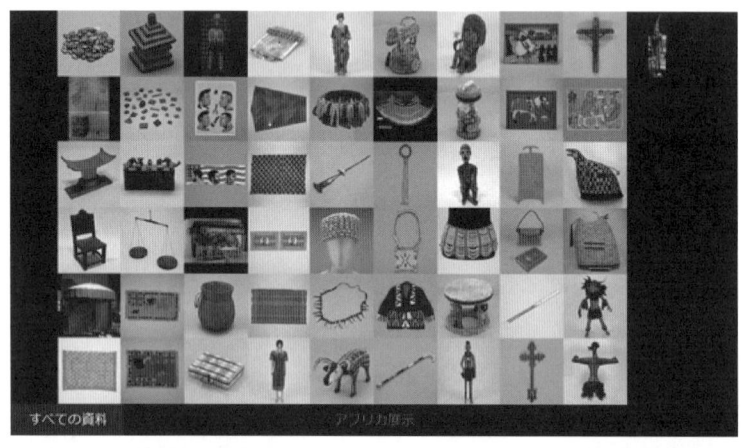

3. 実物展示とジオラマ展示のさまざま

3.1 実物展示

　博物館において、実物（モノ）の展示は最も基本的で重要な事業のひとつである。しかもモノ自体が一級の美術品等の場合、その存在のみで感動体験を観覧者にもたらすことから美術作品の展示では、情報メディアは目立つことなく、小規格のパネルが作品に添えられる程度の構成が一般である。一方、これら第一級の美術品や文化財の多くは、「文化財保護法」の下で手厚い管理と保護の方策がとられており、特に展示にあたっては、防犯、防災、保存対策面で万全な体制と措置が義務づけられている。美術品等の展示に関しては情報の伝達を受け持つメディアへの関心よりも、保存技術や保安対策が優先され、詳細にわたる展示への指針や基準が文化庁より出されている。参考としてこれら主要な部分を抄出しておく。

◆「重要文化財の公開承認施設」(1996（平成8）年8月／文化庁) に関する規程より（抄）
・重要文化財の保存及び活用について専門的知識、識見を有する施設の長が置かれていること。
・博物館法に規定する学芸員資格を持ち、文化財の取扱いに習熟した専任の職員が2名以上置かれていること。
・防火、防犯の体制が確立していること。
・承認の申請前5年間に、重要文化財の公開を適切に3回以上行った実績があること。
◆「文化財（美術工芸品）の防災に関する手引き」(1997（平成9）年6月／文化庁) より（抄）
・展示ケースに免震装置の導入等を検討する。
・展示ケースのガラスは、展示品と観覧者に対する安全性が求められることから、張り合わせガラス、飛散防止フィルムの使用などが有効である。ガラスの厚さは耐震性や衝撃に対する安全性を考慮し、10ミリ程度を確保する。
・ケース内天井にルーバーを設置する場合は、留め金具を取り付けるなど、振動による落下防止対策を講じる。
・文化財を床や展示台にワックス等の固着剤で固定する場合、底面に付着して除去できなくなったり、表面を剥離させる危険があり、展示品の材質等を念頭に置いた対応が必要である。
・ガラス板、プラスチック板を用いた展示台は、展示品の材質によっては滑ることが多

いので、台の床面は摩擦力の大きい素材とする。
- ケース内展示の場合、上下に展示棚を設置したり、ひな壇式にする展示は、上段の展示品の落下により下段の展示品を損傷させる危険性が高く好ましくない。
- 巻子装（絵巻、文書、地図等）の展示は、台の移動の防止策とともに傾斜角度を水平角30度以下に抑える。
- 額装の絵画展示の場合、フックの落下防止として受けの深いフックを用い、文化財の真上のワイヤーを壁に固定する。
- 工芸品の支持のために使用するテグスは、テグスを張る方向に対して鋭角にくぎを打って固定する。展示が長期間に及ぶ場合には、定期的に交換する。
- 陶磁器類の壺等の展示に際しては、テグスで固定するだけでなく、鉛玉や砂を入れた布袋を内底部に置き、重心を下げることが有効である。

◆「文化財公開施設の計画に関する指針」（1995（平成7）年8月／文化庁）より（抄）
- 外光の入る開口部は、原則として設けない。
- 展示ケース内の温湿度調整法については、以下の3方式から環境や将来の管理・運営を考慮した上で最適なタイプを選択する。「調湿剤使用方式」（密閉度の高いケースで調湿剤で湿度を管理）、「空調方式」（機械による空調、恒常的に行う必要がある）、「自然換気方式」（展示室内の空気をケースに導入する方式、フィルター交換が必要）
- 展示ケースには地震等の災害や不慮の事故を考慮して、張り合わせガラス等を使用することが有効である。
- 移動ケースは重心の位置を低くし、横滑りなどの防止対策を講ずる。
- 展示室及び写場の近くには騒音・振動を発生する設備機器は設置しない。
- 空調系統は展示室と収蔵庫とに分離する。
- 観覧者の出入り等により展示室が著しい外部環境の影響を受けることがないように設計する。

　この他、文化庁からは「有形文化財（美術工芸品）の展示を主体とする美術品または美術工芸品を多く取り扱う博物館等の施設配置に関する基準について」が1970（昭和45）年に出されている。その後の1995（平成7）年8月に出された「文化財公開施設の計画に関する指針」は、同年1月に発生した阪神・淡路大震災を契機として定められたものである。
　また、文化庁長官より国指定文化財の展示公開にあたり、その移動、展示などの手続きに簡素化が認められる「公開承認施設」の認定は、是非とも受けておくべきであろう。認定期間は有期で、5年ごとの更新が必要とされており、新設の場合は計画段階から文化庁との協議が求められ、その開館後も認可までの5年間に国指定文化財の展示を3回以上実施しなければならないといった実績が条件とされているなど、ハードルは高い。近年では、博物館法の所管規定（公立の博物館の場合、所管を教育委員会に置く）を超え、首長部局

の所管による博物館が自治体のなかで増えているが、博物館法上では登録博物館にはなり得ないものの、首長部局所管の施設であっても「公開承認施設」の認定を受けることが可能であることから、認定に向けた施設整備と体制づくりが進んでいる。

なお、文化庁より出されている指針や基準は、文化財保存の見地に立脚した与条件であり、鑑賞のための快適環境を創出する空間デザイン、鑑賞効果の最適化やアメニティの向上を図る展示デザイン、加えて展示替えの容易さ、メンテナンスの利便性などへの取組みは、博物館サイド（学芸員）が設計者サイド（建築家、展示プランナー、デザイナー）らと個々に取り組むべき課題となる。

例えば、照明設備がもたらす展示効果の検証、展示壁とグラフィックデザイン等との演色的、視覚的効果のおさまり、資料や作品等の展示替えの際、操作の容易なケース等の設計仕様への配慮、災害時等の鑑賞者への安全対策、高齢者や障がい者に対する身体的、視聴覚的ハンデキャップへの対応など、さまざまな視点からの万全な方策が求められる。

先にも述べたが、近年の展示デザインの傾向として、文化財等のモノ展示のケース（エアタイトケースが一般的に採用されている）に、タッチパネル式の情報検索システムを組み込んだスタイルの展示構成が多く見られるようになっており、ディスプレイ画面の操作を通して、データや情報をサーチし、さらに関連情報にリンクさせていく情報環境が整ってきている。

このような先端技術を導入した情報機器や体験装置等による展示が主流を占める反面、モノ自体の存在や価値がこれら情報メディアの陰に隠れてしまい、モノそのものを活かした展示が薄れてきているように思われる。モノの展示と演出手法に関して博物館サイドはもっと関心をもち工夫を凝らしていくべきではないだろうか。

そういった意味で、ワシントンDCの「ホロコーストミュージアム」の導入展示等は、展示者の意図がモノによって語られている格好の事例といえよう。第二次世界大戦時にナチによるユダヤ人大量殺戮の非道さを伝える手法として、被害者らの写真が空間一面に展示されているのだが、動線に沿う形で前面、側面を含む床下から天井にまで一面に被害者のポートレートを展示、掲示した手法は、観覧者の見える、見えないといった人間工学的なヒューマンスケールを造作なく超えて、ナチの行為がいかに非人間的で非人道的な行為であったかを直接感性や感覚に訴えるものとなっている。

参考事例）
　①展示ケース事例
　　「文化財公開施設の計画に関する指針」（1995（平成7）年8月／文化庁）に示された温湿度調整法の三方式を図示すると以下のようになろう。（資料提供：乃村工藝社・小沢一実氏）

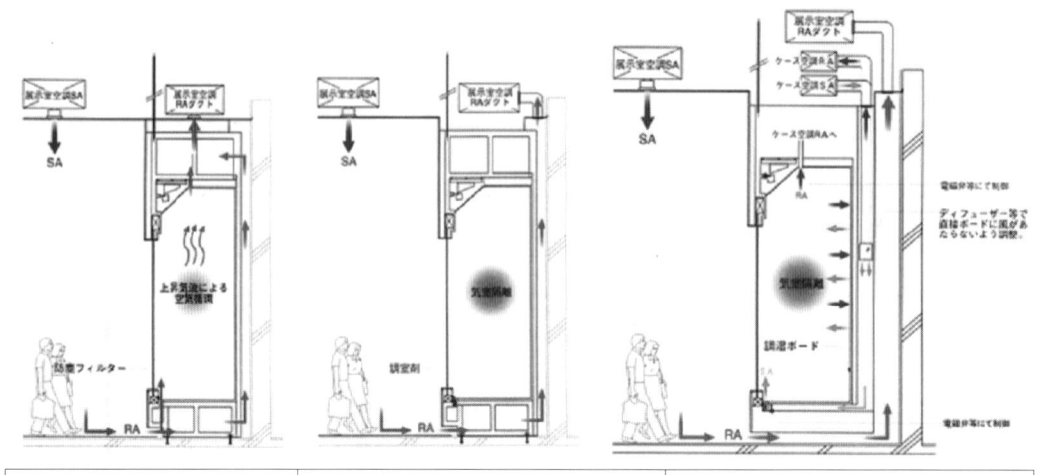

第7章　モノが語る・メディアが語る

自然換気方式 （展示室換気方式）	エアタイト方式 （調湿剤使用方式）	ケース内独立空調方式
ケース内空調を展示室内空調と同調させる方式	ケース内の空気を隔離し、調湿剤により相対湿度の安定をはかる方式	ケース専用の空調機を設け、温湿度管理をおこなう方式

②免震台事例

　国立西洋美術館の屋外展示に採用されている免震台事例。

国立西洋美術館　ブロンズ像（「弓を引くヘラクレス」ブールデル作）

3. 実物展示とジオラマ展示のさまざま

③ワシントンDCの「ホロコーストミュージアム」の導入展示
　ナチによるユダヤ人殺戮の犠牲者を伝える展示。見えることの意味を超え、人間の尊厳さが直接見る者の五感に伝わってくる。（スケッチ提供：文化環境研究所・山城弥生氏）

3.2 ジオラマ展示（3次元造形表現）

　博物館展示の第一義はモノ（実物）を展示することにあるが、さらにそこに教育的、啓蒙的な配慮が働くことで、モノの意味や背景等が展示情報として組み込まれるようになってくる。もちろんグラフィックによっても、イラストや図解などで視覚に訴える情報提供は可能なのだが、平面的な表現手法に比べ、テーマや対象を展示室という実空間のなかに立体的に表現する手法は、一般観覧者の興味をひき寄せるとともに驚きや感動を容易に導く効果があるものとして、早くから博物館展示の目玉的存在をなしてきた。

　モノだけでは伝えきれない情報や知識の伝達には、状況再現をともなうモノとの組み合わせ展示、すなわち「生態展示」（ジオラマ）や「時代室展示」（環境再構成展示）等が採用されてきた。博物館史の上で「博物館学」の初出書物としても著名な黒板勝美(1874-1946)博士の著『西遊二年欧米文明記』（1911（明治44）年9月発行／文會堂書店）にも、博物館展示におけるジオラマの効用が記述されている。

　　元来博物館の陳列法で第一に注意すべきことは、その陳列品の出来た時代とその場所のアトモスフェアとが、成るべくその陳列品の上に現われ、その陳列室の内に溢るゝやうにせなければならぬ。観るものをして何となくその時代の人となり、その遺跡やその土地にあるやうな感を起こさしめねばならぬ。ただ古物を列べ、標本を陳ぬるだけで満足すべきものではない。若しここに一国の風俗を示し、習慣を示し、また美術工芸を示さんとならば、その如何なる服装をなし、如何なる家屋に住し、如何なる家業に勤労し、如何なる遊戯を楽しみしかを、一目の下に分明ならしむるやうに、その陳列法を考へねばならぬ。（p.514）

とジオラマ（3次元造形表現）による展示の効用が力説されているのである。20世紀初頭という昔であるが、欧米の進んだ博物館展示に対する当時の知識人の思いが推し量られて興味深い。近年、博物館展示に取り入れられるジオラマなどは、実寸大のスケールで表現されることが多く、しかも観覧者とジオラマとの間の仕切り、つまりガラスや結界などを設けずに、あたかも観覧者自身が、その3次元世界にタイムトリップしたかのような臨場感のある体感を可能とする、オープンで開放的な空間演出が一般的になっている。

3.2.1 伝統的なジオラマ例（縮小ジオラマ）

　江戸時代の両国橋界隈の賑わいを再現したジオラマ展示（両国橋の賑わい／東京都立江戸東京博物館）

　橋をはじめ芝居小屋、船、茶屋、屋台等の構造物、配置された人物等の考証に、博物館資料としての研究成果が凝縮されている。

3. 実物展示とジオラマ展示のさまざま

3.2.2 結界やガラスケース等の仕切りのない、実寸大のオープンジオラマ例

「万葉」というテーマを舞台とした奈良の都の当時の庶民生活が、リアルなジオラマによる再現で、時空を超えたタイムトリップ感覚を味わうことができる（万葉ミュージアム＝奈良県立万葉文化館）。

出版や放送、通信メディアと異なり、「場」という3次元の実体空間を情報交流の基盤とする博物館展示にあっては、その実体ある「場」での直接体験、すなわち「来て、見て、聴いて、触れて、味わい、嗅いで、語って、演じて、学ぶ」など五感を通しての享受と習得が、自己の知見形成の向上へと結びついていく。この意味で、エドガー・デール（Edger Dale, 1900-1985）がかつて「展示」を「ある種の観念または、知識を伝達する三次元の物象を配列したもの」、「展示物は、定められた条件の下で、伝達の種々の目的に応じ、人工

的に綿密に計画されたもので、視覚に訴えるものから、触覚、聴覚、その他の感覚を含む複雑な形式に至るまでの多岐にわたる」(エドガー・デール(1950)『学習指導における聴視覚的方法』有光成徳訳　政経タイムズ社出版部)と指摘したとらえ方は、「展示」の本質をうまく表現したものとして今日でも評価されよう。

一方、展示内容を立体的に造形化し、「一目見て理解できる」ように模式化する展示手法、すなわちジオラマ等に対して、学識者や博物館関係者から批判的な意見や考え方が提示され、新たな展示のスタイルが検討され確立された。

その契機となったプロジェクトが「国立民族学博物館(民博)」(1977(昭和52)年開館)である。民博の展示では、これまで博物館展示がステレオタイプとして採用してきたジオラマ展示や生態展示を忌避し、展示全体を貫く基本理念を新たに掲げ、そのスタイルを「構造展示」と名付けた。「構造展示」の主張は「展示の一つの方法として生態展示というものがある。マネキンやロウ人形を使ったり、パノラマをつくったりして、一目で理解させようとする方法である。しかしながら、ロウ人形やパノラマはしばしば芸術的感動を与えず、かえって生々しさが過ぎて嫌悪感さえ呼び起こすことさえある。学術的にも信憑性を期し難いことが多い」、さらに「一般に展示があまりにリアリスティックであり、あまりに説明的であることは、必ずしもいいことではない。むしろ、一見見ただけでは、ある種の感銘をうけるが、内容は直感的には明快ではない、というくらいのほうがいい。内容は、直感的というより、構造的に理解されるように配置されていることが重要である」(以上「国立民族学研究博物館準備会議部会のまとめ」1974(昭和49)年1月)との指摘がなされた。

この考えは構想段階でさらに検討が加えられ「文化をフィーリングとして感じ取る展示手法として『(物)モノ』の置かれている状況や生活状態をそっくりリアルに再現する『生態展示』(ジオラマなど)があるが、その場限りの説明で終わり、それ以上の思考的発展を阻害する。また、誤解を生む危険性や恐れ、さらには人間や動物のリアルな復元は、その生々しさがかえって災いすることが少なくない。これらの理由から採用をひかえる」(「国立民族学博物館展示の基本構想」1975(昭和50)年12月)とされ、その考え方に基づき国立民族学博物館では、生態展示やジオラマなどの状況復元の展示は原則的に採用されなかった。ただし、世界の民家模型(十分の一)は考現学手法による厳密な現地調査に基づき、想像や考証の余地を排除した学術資料として展示に採用されている。観覧者の思考的発展を阻害するなどの見地から模型の中にはリアルになりがちな人物の復元はなされていない。

国立民族学博物館の展示は、美術作品の「個別観賞展示」や博覧会のような「演出型展示」、状況をリアルに再現した「生態展示」などの従来型の博物館展示とは次元を異にした、「学術」を追究する博物館展示のあるべき理念として評価され、受け止められた。この国立民族学博物館の展示スタイルは、その後の博物館展示に影響を与え、多様な文化様式を等価値に位置づけ、グリッド(格子)を展示デザインの基本とした展示が各地の博物館で見ら

れ、整然と統一感のあるシステマチックな展示が潮流をなした。

国立民族学博物館の「構造展示」と「グリッドシステム」は、博物館展示を理論的に体系化し、展示デザインの一つのスタイルを築き上げた点で「博物館学」史上の一大エポックを形成するものといえよう。

近年では、展示が出版や放送、通信などの他のメディアと異なり、空間という場を媒介に人々の五感に直接訴えかけるリアルかつ具体性の強い伝達手段であることから、改修時期を迎えた国立民族学博物館にあっても、また地方の各博物館においても、展示独自の特性をさらに高度に活かす取組みがなされるようになっている。そこでは大衆のニーズや情報機器等の技術革新に見合った展示手法が採用されて来ており、ジオラマや生態展示も従来とは異なる視点から空間デザインのなかに組み込まれるようになっている。

2004（平成16）年にリニューアルされた国立科学博物館（科博）・地球館の「大地を駆ける生命」の展示では哺乳動物の剥製が多数展示されているが、従来型の展示であれば、剥製の周囲に植物や岩石のレプリカ等を背景画とともに配置する、いわゆる「生態展示」がおこなわれるところであるが、フランス・パリの自然史博物館の動物展示のリニューアルが、動物の剥製による行進のように配列された展示デザインが特色となっており、科博の展示もその影響を見て取れる。また、科博に展示された剥製動物の情報は、観覧者がタッチパネル式の画像検索端末装置（キオスクと呼ばれている）を操作することによって得られるようになっており、それらから得た情報はネット回線を通じて後日、来館者のプライベートな情報機器（パソコン）で受信し、家庭や職場等で検証できる仕組みになっている。

なおこのタイプの情報端末装置は、モノの展示で構成された展示ケースに取り付けられたり、ジオラマ・パノラマなどの展示造形物に組み込まれたりし、展示物と視聴覚ソフトとの連動によって相乗的な効果をもたらすコンテンツづくりが多い。したがって、視聴覚ソフトのコンテンツだけを取り出した場合、展示の意図する内容の一要素、一部分でしかなく、完結したソフトとして鑑賞するには、展示要素の全容と演出シナリオの理解が必要となる。

ここでは、①国立科学博物館・地球館における「大地を駆ける生命」での動物剥製展示と視聴覚メディアを組み合わせた展示例、②遠野市立博物館における「自然と調和した生産の舞台―里―」でのジオラマと視聴覚メディアを組み合わせた展示例、③岐阜市立うかいミュージアムの鵜の拡大模型に仕組まれた映像ソフトを来館者自ら探しだし、発見や驚きを誘導する映像展示例を紹介する。

①ジオラマの変形タイプである剥製群の展示に検索式情報端末装置を組み込み個別に動物の情報を選択・抽出する映像展示例
　大型動物剥製群（115体）とその情報を手元のディスプレイスクリーン上で検索する

双方型情報端末装置（「大地を駆ける生命」国立科学博物館・地球館）。検索した情報は、後日に家庭や職場でネットを通じて、自己のパソコンに呼び出すことができる。ただし、動画映像は、著作権の関係からかマスキングされている場合が多い。

②ジオラマに検索式情報端末装置を組み込んだ展示例

　農作業を季節ごとに再現したミニチュアジオラマに画像検索装置が併置され、観覧者の操作により、眼の前のジオラマの情報を取り出すことができる仕組みがとられている（「遠野市立博物館・自然と調和した生産の舞台―里―」）。

3. 実物展示とジオラマ展示のさまざま

③具象的表現造形物（鵜の拡大模型）の各部の機能解説に情報端末装置を用いた映像展示例

　鮎を採捕する鵜の各部の機能や働きを伝える映像をそれぞれの体の部位に組み込んだコンパクトな情報端末装置。観覧者は情報端末装置を見つけ出し操作することによって詳細な情報を学びとる。遊びの要素を取り入れた映像展示例。

103

4. 音展示・体験展示、そして演示とドラマ展示

　現在では、日本語として定着している「視聴覚」という用語は第二次世界大戦後、アメリカの日本民主化政策で導入された「オーディオビジュアルメソッド」が影響している。当時の著名なテキスト、「Audio-Visual Methods in Teaching」の日本語訳は、「学習指導における聴視覚的方法」（エドガー・デール著（1950）有光成徳訳　政経タイムズ社出版部）であり、「オーディオ（聴）」と「ビジュアル（視）」の関係で言えば、「聴視覚」の並びが「視聴覚」よりも原意に近いことになる。日本語では用語の序列に意味をもたせる文化があり、江戸時代には「寺社（奉行）」としていたものを、明治維新後の天皇親政期には「社寺（保存法）」と並びを変えている。

　欧米の文化からすれば、「聴視覚」であるところを、日本では「視聴覚」としてきたところにも文化の相違が見られ興味深い。

　博物館における「音展示」は、インタープリターやエデュケーターらの人の言葉と動作によるコミュニケーションを除くと、機械的な装置が知識や情報を橋渡しする役目を担ってきた。古いタイプの展示では、観覧者の存在を感知して、展示解説が展示室全体に自動的に流れてくる一方通行型のものが見られたものである。

　パネル等の解説文字を自力で読み取る行為に比べ、音声による解説は比較的スムーズに当事者に受け入れられやすいことから、「音展示」の展示への応用は、受話器タイプのものや指向性の強いスピーカーの導入等によってなされてきた。ただ、音声による解説が、一続きの流れに沿って構成されることから、理解のためには一定の時間をその場に拘束することになる。そうした行動を強いる情報コンテンツは映像も同じであることから、民博のように、展示物を縦覧する行動形態とは次元を異にする「音展示」と「映像展示」は、展示室とは分離、独立した独自のゾーン（ビデオテーク）に配置することもおこなわれてきた。しかし、その民博においても近年のリニューアルを契機に展示の場にも携帯端末器の導入や機種の交代、映像・音声を駆使した端末機器が取り入れられるようになってきている。「展示」は大衆社会のマスメディアの一翼をなす存在にまで成長してきており、展示デザインや演出・構成等に、社会の関心や利用者の嗜好を意識したアトラクション的な志向性を顕著にみて取ることができる。

　そうしたアトラクション性にシフトを置く博物館展示では、「音」や「映像」、「立体造形物」等は、単体、単独で展示のシーンを構成し、完結することは少ない。そこではプロ

グラムされた物語のシーンのなかに計画的に、しかも綿密に組み込まれ、それらの相乗的な機能の発揮によって、観覧者の視覚や触覚・聴覚等の五感を触発して関心を高めるとともに、理解を容易に促す演出がおこなわれている。この種の展示は、「ドラマ展示」と呼ばれ、コンテンツのオリジナル性へのこだわりと、大道具、小道具的な仕掛けに館独自の創意と工夫がみて取れる。そこでは出版や放送、通信メディア等では味わえない、実空間を情報のコミュニケーション媒体とする博物館展示ならではの「ここだけ、今だけ、あなただけ」の感動体験が巧妙にデザインされている。

こうした演出の典型例として、長良川うかいミュージアム（岐阜市長良川鵜飼伝承館）で導入された「鵜飼ガイダンスシアター」を取り上げ紹介する。

4.1 実物とジオラマ、映像・音響・照明効果等をミックスしたバーチャルシアター（「鵜飼ガイダンスシアター」／長良川うかいミュージアム＝岐阜市長良川鵜飼伝承館）

本物の鵜舟に鵜匠らの造形人物を配し、背景や床面に長良川の鮎の生態や鵜飼の歴史、鵜匠の伝統的技法等をドラマ仕立てに構成。リアルなジオラマ再現と映像、音響、照明等による複合演出を特色とする。（資料提供：乃村工藝社・荻野健司氏）

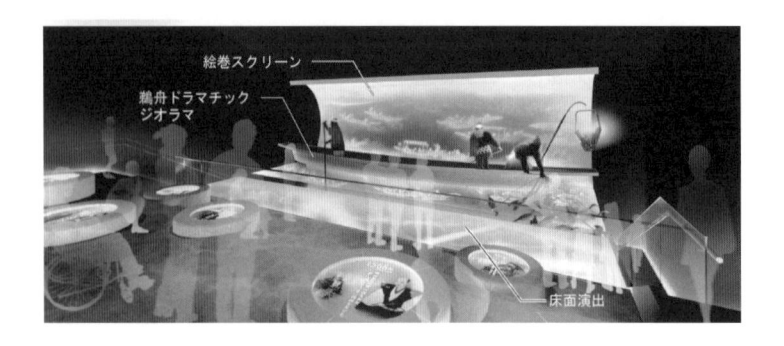

第7章　モノが語る・メディアが語る

[図：ガイダンスシアターのイメージ図。絵巻スクリーン、鵜舟ドラマチックジオラマ、床面演出のラベル]

■演出構成要素

ガイダンスシアター／長良川鵜飼の世界「シアター演出」では、下記の演出機器とスクリーンを用いて、ストーリーを展開していきます。基本的なストーリーは、長良川鵜飼の実写映像素材で構成。ストーリーに合わせて、ムービング演出照明等により、効果的に空間演出を行っていきます。

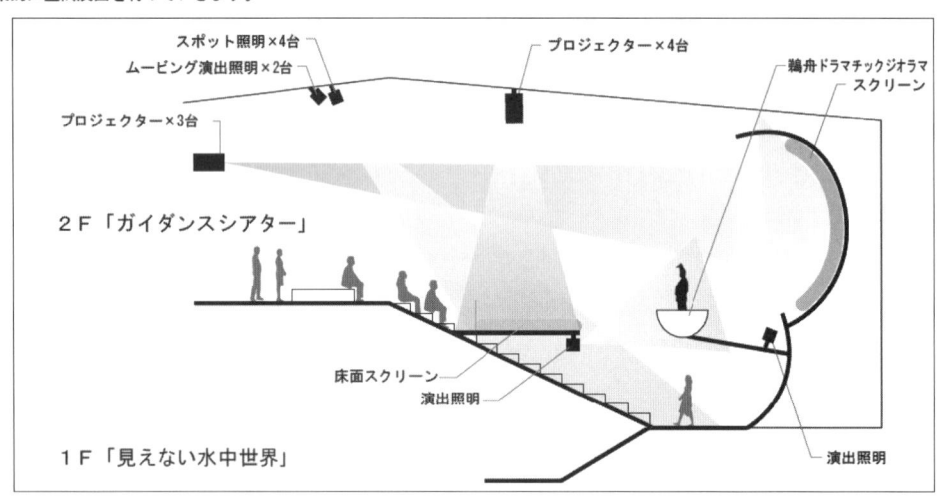

[図：2F「ガイダンスシアター」と1F「見えない水中世界」の断面図。スポット照明×4台、ムービング演出照明×2台、プロジェクター×4台、プロジェクター×3台、鵜舟ドラマチックジオラマスクリーン、床面スクリーン、演出照明のラベル]

■演出チャート

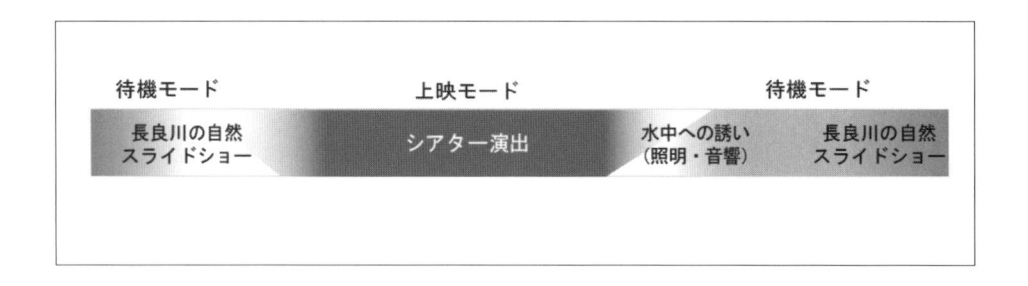

待機モード	上映モード		待機モード
長良川の自然スライドショー	シアター演出	水中への誘い（照明・音響）	長良川の自然スライドショー

　「体験展示」と「演示」については、科学館の展示事例に多く見られる。「体験展示」は、観覧者自身が展示装置を操作し、科学的な原理や知識を五感で体得するタイプのもので、四肢や皮膚感覚を通しての学びのスタイルに特色がある。科学館で見られる「体験展示」の場合、それらは単体で装置化され、伝えるポイントも絞り込み、操作や状況への参加により、楽しみながら学び、体感するようプログラム化されたものが多い。最近では、展示

の場での参加体験を支援し、科学への親しみをより効果的に促進するエデュケーターやインタープリターの育成に博物館が組織的に取り組むことがおこなわれている。科学（サイエンス）コミュニケーター講座は、国立科学博物館や日本科学未来館で開設されるなど、科学知識の普及と利用者サービスの高度化が図られている。

「演示」の事例としては、サイエンスシアター等で、熟練したコミュニケーターらの演者によって、観覧者に化学の実験や物理等の原理を実演し伝える科学実験教室タイプのものや、劇化されたストーリーをライブなショー的演出で学びに導くタイプのもの等がある。近年では、館サイドの演者に加え、来館した一般市民や子ども、高齢者、観光客らが演者に加わり、「寸劇」的なパフォーマンス体験を通して歴史事象等にアクセスするコミュニケーションの場の創出が人気を集めている。子ども、若者世代、高齢者らの多彩な観客層すべてに開かれた交流・共感体験の場として、また一方では閉塞状態にあるといわれている博物館の現状を打開し、甦らせるための新たな手法として期待が寄せられている。

4.2　科学館に見られる操作体験型展示例（名古屋市科学館　2階 ふしぎのひろば）

　観覧者自身が展示装置を操作し、科学的な原理や知識を五感で体得するタイプのもので、四肢のアクションを通しての学びのスタイルに特色がある。それらは多くの場合、単体で装置化され、伝えるポイントも絞り込まれており、楽しみながら学び、体感するようプログラム化されたものが多い。（資料提供：乃村工藝社・渡辺創氏）

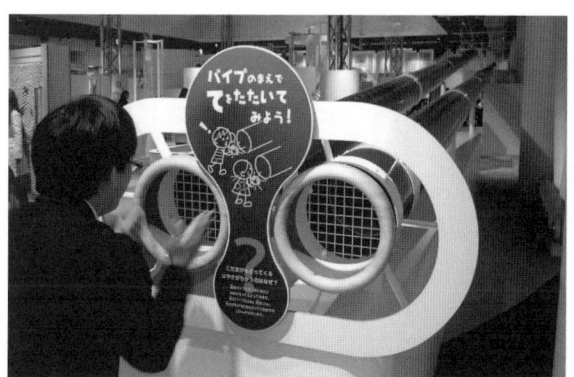

4.3 デモンストレーションの発展した「寸劇」展示（長崎歴史文化博物館に復元された奉行所での寸劇）

生身の人間による表現を媒体としたコミュニケーションの典型事例の一つに演劇体験がある。アメリカでは、博物館展示の有効な手法として「ミュージアム・シアター」が注目を集め、利用者の支持を広げている。長崎では、一般市民のボランティアとのコラボレーションによる寸劇がおこなわれ、演じられる内容も博物館の主要コレクションの一つである膨大な裁判記録「長崎犯科帳」から題材を得たもので、劇そのものが博物館資料の展示物となっている。

5. インターネット活用の構築と展開

　高度化する情報社会を反映して、「いつでも、どこでも、誰にでも」情報や知識が双方向の関係でコミュニケートできる時代が到来している。そうした自由で開放された情報環境にあって、展示空間という「限定された場所」（ここだけ）で、「その期間や時間帯だけ」（いまだけ）に開かれ、「そこに足を踏み入れた人」（あなただけ）にのみしか享受する機会が与えられないという博物館展示は、時代からも社会からも取り残され、閉塞した状況に陥る可能性が高い。わが国では、展示の局面だけでなく博物館自体の再生が喫緊の課題になっている。

　そのためにも、まずは展示の社会化を促進する取り組みが求められ、現実の実体空間に閉じ込められているコミュニケーションの媒体をより広い世界に開放する方策がとられるようになってきた。博物館の最大のミッションの一つであるコレクションの展示は、空間というスペースの限界もあって、その一部が展示公開されているに過ぎない。それらのデータをデジタルアーカイブ化し、インターネット上で公開することで、死蔵から免れることができる。デジタル技術の進展によって、情報を大量にアーカイブすることができ、しかもそれらのデータを高速で取り出すことができるようになっていることから、展示が担ってきたコレクションの公開は、データベースのデジタルアーカイブ化とネット配信で可能となった。

　このことは、ネット上でのバーチャルな博物館の構築も可能とし、このタイプの博物館の事例が近年ますます増加の一途をたどっている。ファッションデザイナーとして知られるヴァレンティノ（Valentino Garavani,1932-）がネット上にオープンした3Dテクノロジーによる「ヴァレンティノ・ガラヴァーニ・ヴァーチャルミュージアム」（2011年12月5日オープン）は記憶に新しい。自作のファッションやイラスト、ポートレイトなどが各展示室にレイアウトされており、手元のマウスの操作で展示室内を移動し、作品と関連情報、映像等を選択し観覧できるようにプログラムされている。「大変お金がかかったが、スペース的には制約がないので、多くのコレクションを出品することができ、大変良かった」とのコメントが印象的だった。

　一方、バーチャルではない現実の実体空間である展示室にIT技術を導入し、展示とネット通信を連携させ、教育普及活動を活性化させていこうとする動きがみられるようになっている。個人所有のスマートフォン（携帯電話）やタブレット端末等を用いての情報検索、

選択、習得は、展示への理解に広い視野と深みもたらすものであり、絶対視され権威化されがちな展示を学びの一素材として解き放ち、観覧者が主体的に展示から学ぼうとするインセンティブへの醸成につながっていく。

これからの博物館展示は、多様な知見と意見が展示を介して集約、撹拌され、創造的な議論が交差するディベートの場、フォーラムの場に移行していくことが予見される。インターネットの活用、導入によって博物館展示が、市民や社会の主体的な学びの場として活用され、活かされていくことを期待したい。

5.1　博物館展示に新たな展望を開く、ネット通信ラインとの融合、連携

場に固定され、スペースという物理的限界に拘束される博物館展示と、Web上での時空を超えた情報環境、すなわちIT分野の先端技術との融合、連携が今後の博物館展示に新たな展望を拓いていく。囲い込まれてはいるが、リアルな実空間を有意性としてとらえ、そこに「いつでも、どこでも、誰にでも」アクセスが可能なWeb上の膨大な情報環境が連動することで、博物館展示が大きく変わっていく。以下のパラダイムは、2011（平成23）年11月20日に全日本博物館学会主催の研究会（テーマ：博物館情報・メディア論—イギリスの大学と博物館の現場から—/ 会場：大阪府立弥生文化博物館）で発表されたイギリス・レスター大学のRoss Parry氏の講義を参考に、手を加えたものである。

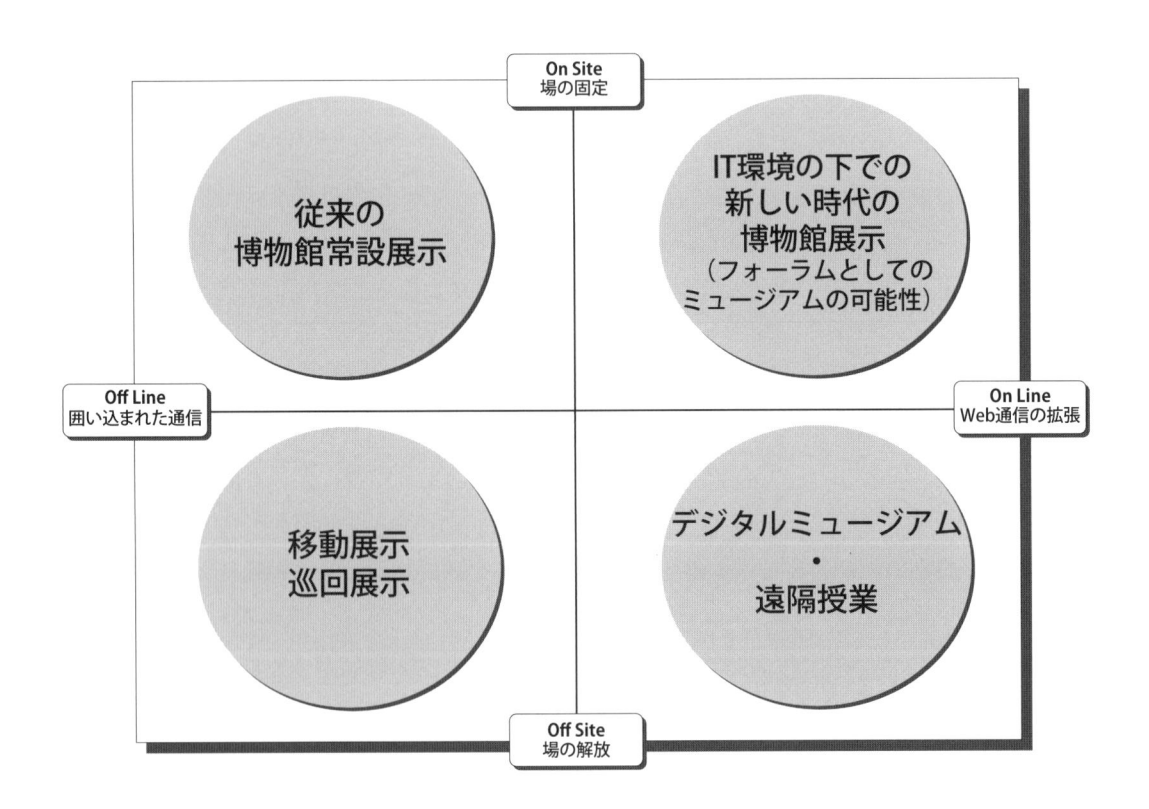

5.2 今後の方向性

・新たな博物館展示は、Site（場）と Line（ネット）とのコラボレーションから生まれる。
・On Site に On Line の情報環境が加わることで、より展示の発展性が拓かれていく。
・展示は、一つの言説であるとの認識が定着し、さまざまな視点や意見が展示室に澎湃し、展示のフォーラム化が進む。

（髙橋信裕）

〔参考文献〕

ディスプレイの世界編集委員会編（1997）『ディスプレイの世界』六耀社
青木豊ほか編（2000）『新版博物館講座9　博物館展示法』雄山閣
大堀哲・水嶋英治編著（2012）『新博物館学教科書2　博物館学Ⅱ　博物館展示論・博物館教育論』学文社
日本展示学会編（2010）『展示論―博物館の展示をつくる―』雄山閣

ミニ演習問題

1. 展示は「総合的なコミュニケーション・メディア」といわれています。その理由を述べなさい。
2. ネット上での Web 通信が普及し、「いつでも、どこでも、誰にでも」の情報環境にある現代社会において、実体のある空間を情報伝達メディアの媒体とする「展示」が留意し、強化すべき点は何か。三つ以上の項目を挙げ、それぞれ理由を述べなさい。

第 8 章

世界とつなぐ博物館：
情報収集から情報発信へ

第8章 世界とつなぐ博物館

1. 情報発信とインターネット

　今、「自分が持っている情報を多くの人に伝えたい」と考えた時に、どのような方法があるだろうか。携帯電話を利用したメールやメーリングリスト、グループウェアや電子掲示板、最近ならtwitterやFacebookが入ってくるだろう。実際にどれを利用するかは、伝える相手にもよるが、その際に、インターネット技術は欠かせないという点で共通している。この時代に、紙に印刷して、手渡しや郵送等で、多くの人に配布するというのはあまり考えないだろう。

　しかし、こうしたことが誰にでもできるようになってきたのは、そんなに昔のことではない。メディアの歴史から見ても、かなり短い間に急激に情報化社会が進んでいるのである。こうした社会について、少し客観的に見つめながら、インターネット技術から見た博物館の役割を考えてみよう。

1.1　変わってきた情報の発信
1.1.1　デジタル化の特徴
　紙で作られたポスターは郵送でしか相手のところに届けられないが、デジタルファイル化されたポスターだと電子メールなどで送付することができる。インターネット上で情報を扱うためには、その情報が「デジタル化」されていなければいけない。すべての情報を0と1の二つの記号だけを使って表現することで、コンピュータ上で情報を扱うことができるのである。

　デジタル化することのできる情報には、どのようなものがあるだろうか。文字情報、写真などの画像、動画、音声などがある。現実の世界では、新聞に書かれた文字列に音声を貼り付けることはできない。しかし、先に述べたように、「デジタル化」により文字も音声も0と1の記号でデータ化されていれば、コンピュータ上でそれらの情報を統合することができる。このように、複数のメディアを統合する形態のことをマルチメディアという。さまざまな情報を統合することができるのは、デジタル化の大きな特徴のひとつだといえる。

　この他に、デジタル化の特徴として、検索しやすいことやそのまま置いておくだけでは劣化しにくいことがあげられる。また、インターネットを通じて送信できるという特徴がある。

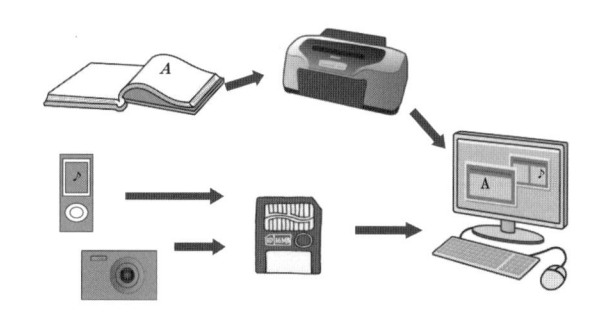

図1　情報のデジタル化

1.1.2　インターネットによる情報発信の構造

これまで、大人数への情報の発信はテレビや新聞などのマスメディアに限られていた。つまり、情報を発信できるのは一部の人に限られていた。そこにインターネットという存在が入り、個人でも気軽に情報発信ができるようになってきたのは1990年代のことである。

インターネットにより、Webページ等を通して、個人レベルでどこからでも情報を簡単に伝えることができるようになった。また、個人の情報発信が多様なものになってきた。特に大きな変化としては、3点挙げられる。一つには、これまで、1対1で発信されてきた情報が、1対多という構造がとれるようになった。例えば、電子メールを使えば、同じメッセージを多くの人に配信できる。また最近では、USTREAMやYou Tube等のサービスを利用し、私たちも自分たちの映像を一斉に多くの人に配信できる。二つ目には、「非同期」の情報のやりとりが起こるようになってきた。これまでは電話やテレビのように、情報の送り手と受け手が同時に情報を発信し、受けてきたことが多かった。これを「同期」の機能という。しかし、インターネットの世界では誰かが公開したWebページは、いつ誰が閲覧をするかわからない。また私たちは、誰かがすでに公開しているインターネット上の動画をいつでも見ることができる。これを「非同期」の機能という。三つ目に、情報のやり取りを双方向にできるようになってきた。これまで、誰かが情報を発信し、それを受け取るだけの一方向の関係にとどまってきたが、今では受け取った情報について、誰もが自分の考えを発信するなど、双方向の機能を持つようになった。

1.1.3 インターネット上のコミュニケーションの変遷

今日常的におこなわれているインターネット上のコミュニケーションは、インターネットのサービスが定着した時からあったというわけではない。短い歴史ではあるが、その構造は少しずつ変わってきている。

研究用途としてではなく、一般の人がインターネットを利用し始めた当初は、電子メールをやりとりする、個人的にWebページを公開する、電子掲示板上でコミュニケーションを深める、というのがあった。もちろん、今でもそのサービスを私たちは利用をしている。

これらについては、より利用しやすいようにソフトウェアや機能が改善されてきた。例えば、ウェブログがそれにあたる。それまでインターネットで日記や論考を書いてきた人は多くいたが、それをより書きやすく、閲覧者とのコミュニケーションをとりやすい機能が設けられた。また、はじめはパソコンから利用することばかりであったが、最近では多くの人がスマートフォンなどの携帯電話の一つの機能として利用をしている。

これらに加え、最近ではインターネット上の新しいサービスが発達してきた。特に、ソーシャルメディアの発達には目を見張るものがある。ソーシャルメディアについては、明確な定義はないものの、以下のような特徴を持つメディアだといえよう。
・ユーザーによる情報発信が大切にされるシステムになっている
・ユーザー同士の交流が支援されている
・少数のユーザー同士による交流が、より大人数に広がるように支援されている
・知り合いのユーザー同士の強固なつながりだけではなくて、見知らぬユーザーや情報のゆるやかなつながりが生まれるように支援されている

具体的には、Facebookやmixi等のソーシャルネットワーキングサービス（SNS）、You Tubeなどの動画投稿サービス、twitter等のマイクロブログサービスがある。

旧来、私たちのメディア接触がマスメディア中心だったものが、ソーシャルメディアに移行しつつある。また、最近ではソーシャルメディアの活用が、大きな社会の変革をもたらしたことでも注目されることになった。例えば、2010（平成22）年ごろから起こった一連の「アラブの春」と呼ばれる運動は、Facebookを通して広がったといわれている。また、2011（平成23）年3月11日に起きた東日本大震災では、さまざまな情報の交流にtwitterが大きな役に立ったことがニュースとして大きく取り上げられた。こういったこともあり、日本にもソーシャルメディアが広く浸透しつつある（図2）。

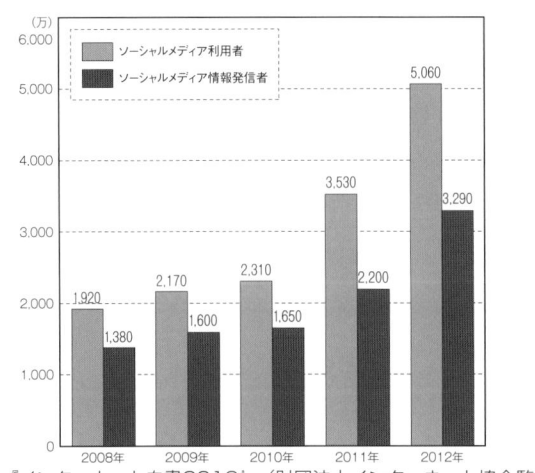

出典『インターネット白書2012』（財団法人インターネット協会監修　インプレスR&D編）

図2　ソーシャルメディアの利用の推移

1.2 学習におけるインターネットの活用のインパクト

1.2.1 インターネットで学習を変えることができるか

上に見てきたように、インターネットはそのサービスの形を変えつつも、社会的に広く浸透してきた。さて、それが博物館に何かインパクトを与えるものになるだろうか？ それを考える前に、まず博物館と同じように、私たちにも身近で「知」を扱う教育現場を見てみることで、それを考えたい。

かなり昔にさかのぼるが、第二次世界大戦後に展開された社会科を例としたい。今の「総合的な学習の時間」のルーツにあたるものである。ここでは、学校の中にはとどまらない「知」を問題解決のなかで獲得していくことが期待された。例えば、京都で有名な西陣織をテーマとし、工場の見学、労働形態、原料や製法を調べ、桐生や福井といった別の土地との比較をおこなったり、歴史的視野から検討したりしている。このなかで、子どもはさまざまな角度から調べ、考えるために、多くの情報が必要となる。インターネットがなかった時代なので、この時は、教師が調べた専門的な資料、あるいはその資料に基づいて、専門家などに聞き取った情報が子どもに与えられることになった。もちろん、子どもらはそこから自分たちになりに調べ、考えたわけだが、情報のソースは限定されていたことになる。これがもし現在であれば、インターネットを利用して、子どもが自分で調べることもできるし、専門家に聞くことができる。今の教育現場ではそのようなことが、具体的に実施されている。インターネットにより、「内の世界」と「外の世界」をつなぐことがやりやすくなったといえる。

1.2.2 教育とインターネット

それでは、教育において、インターネットがどのように活用されてきたのか、そこでどのように学習が広がってきたのかについて見てみよう。「内の世界」と「外の世界」がどのようにつながってきたのだろうか。

1.2.2.1 「外の人とつながる」

教育におけるインターネット利用は1994（平成6）年に当時の文部省や通商産業省のもとに、100校プロジェクトが始まったのがその発端である。ここでは、「能動的な学習の実現」や「教室での授業が持つ制約を越えた教育、学習の実現」が目指されていた。ここでは、国際交流プロジェクトが実施されてきた（http://www.cec.or.jp/es/100school/ayumi/prehistory.html）。このような多地点の遠隔での交流は現在もなお実施されている。

インターネットを活用した場合、遠隔地との交流が実際にやりやすくなる。この恩恵を特に受けることができるのは、離島である。離島には、交流の相手が少ないという現状がある。例えば、筆者はかつてそのような状況を持つ離島同士の交流のプロジェクトに関わったことがあった（稲垣・寺嶋、2008）。同じ「食」というテーマについて調べていても、交流をすれば、各地の違う点は当たり前だが、意外な共通点も見つかってくるというところが大変興味深いところである。また、それを報告する子どもは、いつも一緒にいる友だ

ちが報告の相手ではないので、良い意味で緊張をすることになり、学習につながる。

　インターネットを利用して、遠く離れた専門家に聞いてみるという学習もやりやすくなった。例えば、子どもと科学者が交流しながら、子どもらは当然学んでいくのだが、思わぬ質問を受ける科学者もまた、学んでいくことになる（三宅、1997）。

写真　交流学習の様子

1.2.2.2 「外のデータにアクセスする」

　先に述べた100校プロジェクトでは、この他に全国各地の酸性雨の情報を各校が集め、それをデータベース化し、利用できるようなプロジェクトが実施されてきた。自分たちの生の情報をアップデートし、それらの情報を再利用するような取組みである。このように多くのデータが蓄積されており、それを利用者の意図に応じて閲覧したり、利用できるというのはインターネットの大きなメリットとなる。

　昔のデータがデジタル化されると、時を超えて長く保存をすることができる。例えば、第二次世界大戦の終戦は1945（昭和20）年で、最近では年々それを経験した人が減りつつある。そこで、戦争や原爆を体験した人たちのデータベースが構築されつつある。もちろん、完全にリアルな世界に迫れるというわけではないが、その状況の一端を時代を越えて、垣間見ることができるのである（例えば、Nagasaki Archive など　http://nagasaki.mapping.jp）。

1.2.2.3 「メディア機器やサービスは変わる」

　インターネットにより、「内の世界」と「外の世界」がつながりやすくなったことは、今までの話で理解していただけたと思う。ただし、それをつなげるメディア機器は時代を越えて変わる。

　例えば、教育現場で長らく使われてきたコンテンツとして、NHKの学校放送番組がある。誰もが一度は見たことがあるだろう。昔は生放送で見るしか仕方がなかった。しかし、それから教師たちはビデオ録画をし、好きなときに見せることができるようになり、活用

の幅が広がった。今では、多くの学校放送番組は、インターネット上で好きなときに見ることができるようになっている（NHK for School http://www.nhk.or.jp/school/）。また、デジタル教材として、番組に関連する短い動画も見ることができるようになっている。インターネット上でコンテンツが扱えるようになって、利用の幅が広がったのである。

　学校間の交流によっても同じことがいえる。これまでは、テレビ会議システムを使って交流をしてきたところがほとんどであった。今はソフトウェアとカメラさえあればストレスなくつながることができる。携帯電話での交流も可能である。デジタルコンテンツを教室の中の電子黒板を利用して見せることも一般化しつつある。アメリカでは、教育用のSNSも開発されている。タブレット型端末を使って、それを利用することで、いつでも、どこからでもアクセスできる環境が整ってきた。そうでなくても、授業でtwitterやFacebookを活用する高等学校、大学が日本でもではじめている。

　インターネット上で多くの情報を扱い、新しい「知」を学ぶ、生み出すということは、ここ20年共通しておこなわれてきているのであるが、どの機器やサービスを扱うかについては、すこしずつ変わってきている。これらの進化により、前から私たちがやりたいな、と考えていたことは結構多くのことができるようになってきている。このような時代において、博物館はどういうことができるのか、自分たちの視点で考えてみよう。

2. 博物館とインターネット活用

前節の教育の事例に見たように、インターネットの大きな役割は「内の世界と外の世界をつなぐ」ということであった。この視点から考えた時に、博物館にどのような役割が求められるだろうか。主として、三つの視点がある。

2.1 デジタルアーカイブ化による公開

さまざまな資料をデジタル化すれば、インターネット上で誰でも見ることができる。インターネットの世界では、はじめからおこなわれてきたことである。例えば、東京国立博物館のWebページでは、いろんな形でそのコレクションを公開している（http://www.tnm.jp/modules/r_free_page/index.php?id=95）。

・名品ギャラリー（所有する絵画、書跡、彫刻などを公開）
・e国宝（四つの国立博物館の所蔵する国宝と重要文化財の高精細な画像を、日・英・仏・中・韓の5か国語の解説とともに公開）
・研究データベース（調査研究活動の成果）
・Googleアートプロジェクト（国宝の公開、本館等のストリートビューの公開）

昔はただ、1枚の写真を公開するだけで、明らかに本物よりも見劣りするものであった。しかし、今では多くの作品がかなりの高解像度で見ることができ、拡大をしても画質が落ちにくくなった。また立体の場合は回転もさせることができるというように、配慮されている。作品によっては、実際に来館するだけでは見ることができないものが、見えるようになりつつある。

上記のアーカイブのなかで、特に興味深いのがGoogleアートプロジェクトである。作品の公開自体もかなり工夫を凝らしているが、実際の展示室のなかを、Googleストリートビューの技術で公開している。さまざまな角度から見ることができるし、その作品自体がどのように館内では位置づけられているのかについても確認ができる。作品だけではなく、その雰囲気までも読み取れるのである。

インターネット上で資料を公開することのメリットとして、来館できない人でも、その作品を見ることができるという点がある。もちろん多くの人にとっては、それは物足りないかもしれない。しかし、こうして公開することにより、より多くの人が、どこからでも見ることができるというインターネットのメリットを活かしているものだといえる。より多くの人に「知」を公開するという、博物館の社会的な要求を果たしているともいえるだ

ろう。また、たとえ訪問しても、時間の関係ですべて見れなかったり、じっくりと見ることができない可能性がある。そもそも、すべてが公開されているわけではない。そうした視点から考えてみても、有効な取組みだといえる。

デジタル化されている利点として、特に注目すべきは、検索性ということになろう。その場で見ているだけでは自分で調べられない。公開作品に解説や調べるためのメタ・データがあれば、その資料の背景についても深く調べられる。また、資料を手元で拡大して見ることができるというのも大きなメリットである。直接見ているだけでは、絵画の詳細については見えないことが多い。現在では、かなり高解像度のものを公開できるようになってきているので、拡大して閲覧をすることができる。これらは、デジタル化されていなければ、その恩恵に預かることができない。

2.2 市民への情報発信・交流

前節の教育の例で見たように、博物館もただ自分たちの情報を一方的に公開するだけではなく、インターネットの「双方向性」を活かすという取組みもある。そこまではいかなくても、博物館での教育的活動やイベント、スタッフの生の声など、展示物ではない、博物館のひとつの側面をインターネットを通して公開していくのも一つの博物館の役割として求められよう。

例えば、印刷博物館では、ウェブログのシステムを通して、企画展のお知らせや「博物館の裏側」として情報提供をおこなっている（http://www.printing-museum.org/blog/）。この他、ウェブログに投稿した情報を、twitter で流し、多くの利用者に知らせようとするところも出てきている（和歌山県立博物館など http://twitter.com/wakayamakenpaku）。ウェブログのシステムや CMS（コンテンツマネジメントシステム）を利用すれば、情報をアップデートすることはさほど難しいことではなくなるので、より頻度の高い更新を望むことができる。ウェブログや twitter では、閲覧者がコメントをつけることはシステム上可能であるが、管理面として、それに誰が対応していくのかといったところや、いわゆる「荒らし」による対応も考えないといけないので、実際には博物館側からの情報提供に終始する可能性が高くなってしまう。ただし、今後は博物館によるSNS としてある程度閉じつつも、市民とコミュニケーションをとるスタイルは模索されよう。

この他、興味深い取組みとして、琵琶湖博物館の交流事業がある（http://www.lbm.go.jp/active/service/index.html）。フィールドレポーターという制度では、あるテーマに基づいて、身の回りで調査をし、その成果を博物館に報告するというものだ。この成果はWeb ページを通して発信されている（http://www.lbm.go.jp/fieldrep/index.html）。「はしかけ制度」では広く本博物館の内外の情報を知ることができ、その一方で、自分たちのさまざまな活動を企画・運営することができる。ここから、里山に関するグループだとか、

生き物調査に関するグループなどが生まれ、活動をしている。すべてインターネット上でやり取りをするというよりもむしろアナログ的なやりとりと組み合わせているようであるが、博物館と市民の相互交流を果たすという意味では成立している。

2.3　博物館での体験とその後をつなげる

　博物館の中で、さまざまな情報を見るだけではなく、その後の活動も期待したデザインをインターネットを活用して仕組むこともできる。

　例えば、「リスーピア」がその事例にあたる。本館では、理数の魅力と触れ合うための体感型博物館である。身近にある数学の美しさ、身近な暮らしの中にある理科を体験することができる施設が揃っている。本館自体でも、PDA（Personal Digital Assistance）を通して、案内があったり、各展示物と連動している点でさまざまな工夫が見られるのも興味深いが、特に興味深いものに「メンバーページ」の取組みがある。3階のディスカバリーフィールドを体験した後に配布されるカードを持っていれば、その後、「メンバーページ」からログインすることができ、自身が見た展示物の復習をおこなうことができるようになっている。博物館での体験をそのまま終わらせることなく、継続をすることができる。

　同じように、博物館とその後の活動をつなげているが、インターネットを異なる角度で活用しているものとして、福岡県の「海の中道海洋生態科学館」での取組みがある。通常、水族館に行くと、私たちはその裏（バックヤード）がどのような状態になっているか、館員の方が何をされているかなどは知らない。ここでは、それを小学校の子どもが取材をし、その後公開し、来館者に説明をするという学習活動を小学校とタイアップをしておこなったことがある。館長や館員からバックヤードにていろんな説明を受けたり、自分らから質問したことを、それを学校に帰ってからまとめる。まとめたものをインターネット上に掲載し、今度は館内でモバイル機器を用いてそのコンテンツを見せながら、説明するというボランティア活動をおこなう。自分たちが水族館について深く学べるだけではなく、水族館の役にも立つことになる。このような互恵的なプログラムが、博物館と市民の連携には求められるだろう。

写真　海の中道海洋生態科学館

おわりに

　本章では、インターネットの形態を概観した後に、その導入により変わりつつある博物館の情報化にインターネットがどのように貢献しているのかをいくつかの事例を通してみてきた。このような時代に私たちに求められる力はなんだろうか？

　ひとつには、自分自身の「情報活用能力」があるだろう。情報を収集し、それを取捨選択、吟味しながら発信できる能力である。今、インターネットを通していろんな情報を得られる時代になってきたが、自分はそれに溺れていないかを振り返ってみる必要がある。また、自身が何か人に役立つ情報を発信する社会の一員にはなれないかについても問うてみたい。

　もうひとつは、博物館と一般社会をどのようにつなぐか、という視点をもって、博物館のことを勉強しないといけないという点だ。もちろん、博物館の展示物について知識を深めることも必要であるが、両者をどのようにつなぐかという視点が必要であり、そこで求められるのがインターネットの活用ということになろう。インターネットに振り回されないことも、活動のデザインにおいては必要だろう。

（寺嶋浩介）

〔参考文献〕

稲垣忠・寺嶋浩介（2008）「インターネットを活用した交流学習」水越敏行・久保田賢一（編著）『ICT教育のデザイン』日本文教出版　第 11 章 :217-234

三宅なほみ（1997）『インターネットの子どもたち』岩波書店

ミニ演習問題

　実在するひとつの博物館について、インターネットを活用した情報発信という立場から以下のことを考え、まとめてみよう。まとめたものについて、周りの人と相互評価をして、改善しよう。

・その博物館にはどのような情報があるか。発信したい、あるいはすべき情報はなにか。
・来館者・あるいは来館できない人にとって役立つ情報はなにか。
・情報を公開する際の対象となる人。
・インターネット上のサービスとしてなにを活用するか。
・どのような活動をデザインしたいか。そして、それにどのような効果を望むか。

第 9 章

のぞいてみよう収蔵庫：
デジタルアーカイブスの構築と課題

1. デジタルアーカイブの種類

1.1 デジタルアーカイブとは

　最近、アーカイブ、アーカイブスという言葉をよく目にするようになった。アーカイブとは、もともと「公文書や古文書」もしくは「公文書保管所」という意味であった。コンピュータで取り扱う複数のファイルを一つのファイルにまとめることや、そのまとめた（通常は圧縮されている）ファイルのことをさす意味で使われることもある。また、インターネット上に設けられた公開ファイルの保存場所をさす場合もある。

　コンテンツという言葉もよく使われるようになってきている。辞書的には、「内容」や「中身」という意味であるが、「さまざまな情報サービスにおいて提供される文書や画像、動画などのデータ」という意味で使われることも多い。それらはデジタル化されたものであるので、「デジタルコンテンツ」ということもある。

　デジタル技術によってアーカイブされたもの、また、たくさんのデジタルコンテンツが保管され、自由にアクセスができるようになっている場所が、デジタルアーカイブである。総務省「知のデジタルアーカイブに関する研究会」が2012（平成24）年3月に出した提言書「知のデジタルアーカイブ―社会の知識インフラの拡充に向けて―」では、「何らかの方針に基づき、デジタルコンテンツを選択、収集、組織化、蓄積し、長期にわたって保存するとともに利用に供するシステム又はサービス」と定義している。デジタルアーカイブという言葉はすでに英語として一般的に使われているが、この言葉は、1994（平成6）年頃、当時東京大学に所属していた月尾嘉男（1942-）が初めて使ったと言われている。

　2011（平成23）年3月11日に発生した東日本大震災では、津波の影響により東北地方沿岸部の博物館の多くが被災し、所有する資料の多くが流出した。同時に発生した東京電力福島第一原子力発電所の事故の影響で、生活の基盤となる地域が奪われ、そこに伝わってきていた文化行事や長年の生活のなかで培われてきた生活文化の多くが消えかけている。このような未曾有の災害を受け、さまざまな文化を次の時代につなげるためにも、デジタルアーカイブに注目が集まっている。デジタルアーカイブは蓄積場所を選ばない。まったく同じ複製を作成し、地理的に離れた場所に保管しておくこともできる。情報が有効に、収集、利用・創造、公開、共有されるためにも、デジタルアーカイブには大きな期待が集まっている。

1.2 二つのデジタルアーカイブ

　今、私はこの原稿をパソコンのワープロソフトで作成している。できあがったものはすでにデジタルファイルであり、そのままアーカイブとして利用できる。文字データだけでなく、写真や動画も最近ではほぼすべてデジタルで撮影、編集されている。このような、作られた時からすでにデジタルデータのコンテンツを、ボーン・デジタルとよぶ。

　これに対し、博物館が収蔵する一次資料のほとんどは、重量、大きさを持つ立体的な有形のコンテンツである。これらは何らかの方法でデジタル化をおこなう必要がある。多くの場合は、写真や動画と付随する文書データに分けてデジタル化をおこない、アーカイブとしてまとめている。最近では立体物をデジタルデータとして正確に写しとる3次元スキャナなども開発され、立体物の詳細な形状データをデジタルデータとして記録することもできる。

　既存のコンテンツをデジタルアーカイブとするためには、デジタル化の作業が必要となる。『収集、利用・創造、公開、共有』の循環を考えた場合、その資料の持つ情報を可能な限り詳細にデジタルで記録し、保存することが求められる。次の世代に伝えられる形で残していくことも大切である。デジタル技術は急速に進歩しており、現在最高の水準の技術であっても、すぐに陳腐化する。ハードウェアやソフトウェアが変わると、データを表示すらできなくなることもある。最新の技術動向を見ながら、将来を見越してデジタル化をおこない、常に使える状態にしておくための情報の維持管理をおこなっていく必要がある。

1.3　デジタルアーカイブがなぜ必要か

　誰もがインターネットにアクセスし、さまざまな情報を利用できるようになった。誰もが必要な、また有益な情報にいつでもどこからでもアクセスできることは、これからの社会において大変重要なことである。博物館が所有する大量の資料の多くは、収蔵庫にしまわれたままになっていることも多い。これらを生きた資料として活用できるようにするためにも、デジタルアーカイブへの期待が高まっている。

　博物館が所蔵する資料には、簡単に公開できない貴重なものも多い。また、それらの多くは、取り扱いによっては、損傷し、復元が不可能となるものもある。デジタルアーカイブとして利用することにより、原資料は安全に保管しつつも、その持つ情報にアクセスすることができる。デジタルデータは、その作成した時点での状態をそのまま保存することもできる。郷土芸能や古典芸能、工芸技術等の無形文化財の保存、継承にも、デジタルアーカイブが用いられている。「形あるものいつかは滅びる」という言葉があるが、デジタルアーカイブは、それを超える可能性を持っているのである。

　デジタル化した資料は、ネットワークを通じて簡単に流通することができる。インターネットが普及した現在、ネットワークを通じて、さまざまな館が持つ情報をつなぎ、横断

的に検索するといったことも簡単にできるようになった。2008（平成20）年3月、文化庁は全国の博物館、美術館が所有する文化遺産情報を一覧できるポータルサイト「文化遺産オンライン」の運営を始めている。

　デジタルアーカイブを利用した情報発信について、ネットを通じて容易に情報を入手できるようになるため、来館者の減少につながるのではないかという危惧も聞かれるが、千秋利弘（2007）のおこなった福井県立恐竜博物館の調査（2007）では、博物館Webページにおける資料提供の充実が、博物館の利用情報提供ページの閲覧を増加させ、館の認知度の向上、来館者の増加につながることが報告されている。総務省（2012）「デジタルアーカイブの構築・連携のためのガイドライン」においても、「資料の存在だけを問うような簡単な問い合わせ件数の減少」により、職員への負担が減少したことも述べられている。

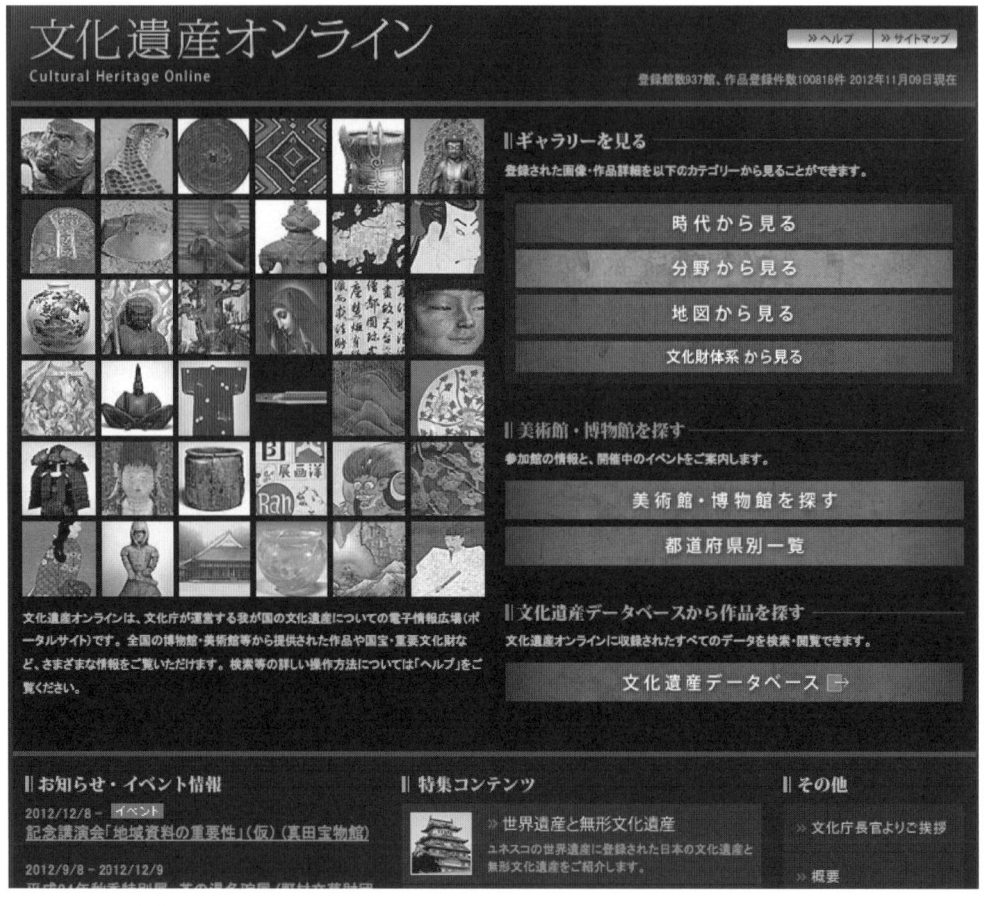

文化庁　文化遺産オンライン　http://bunka.nii.ac.jp/

2. アーカイブスの作成技術とその課題

2.1 デジタルアーカイブ作成技術

　情報機器の急速な発展により、誰もが簡単にさまざまな情報をデジタル化することができるようになった。読者の多くは、すでにデジタルカメラなどで写真や動画を撮影したことがあるだろう。手持ちの本の背表紙を切り取り、スキャナで読み込んでタブレット等で利用している人も多いだろう。

　残念ながら、対象をデジタル化するだけでは、デジタルアーカイブとして使えないこともある。また、大量の資料のデジタル化の実施には、膨大な時間とコストがかかる。慢性的に人手不足の地域博物館等で、学芸員が片手間でおこなえる作業ではなく、実施には専門業者等に依頼することも多い。その際も、デジタルアーカイブ作成の目的に応じて、仕様を策定しなければならず、デジタル化の基本的な知識をしっかりと持ち、作業方法を検討する必要がある。ここではまず、写真や文献などのデジタル化を例に考えてみよう。

2.1.1 資料のデジタル化の方法の検討

　写真や文献資料のデジタル化では、フラットヘッドスキャナ、オーバーヘッド型のブックスキャナ、デジタルカメラ等が用いられている。少量の資料であれば、フラットヘッドスキャナで十分対応できるが、大量の資料や大型資料、平面になりにくい資料などは、ブックスキャナやデジタルカメラでの撮影が必要となる。

2.1.2 解像度の検討

　資料の持つ、より多くの情報を取り込むためには、可能な限り高精細で撮影しておく必要がある。しかしながら、高精細な画像はファイルのサイズが大きく、ネット等の配信等活用が難しい。よって、デジタル化の際には、最低限保存用の高精細画像と、提供用のサイズや精細さを落とした小さめの画像の2種類を作成しておくとよい。

　画像の解像度を表す単位として、dpi（ドット／インチ）が使われる。dpiは、1インチ（2.54センチ）あたりのドット数のことであり、300dpiとは、2.54センチの間に300個のドットを打つことを意味している。

　デジタルカメラの解像度を表す単位として、画素（ピクセル）も使われている。画素とは、ディスプレイの画面やデジタルカメラで撮影した写真を構成する素子や点の最小単位を意味する。例えば、600万画素で縦横比3：2の画像を撮影できるデジタルカメラには、横に3,000個、縦に2,000個の撮像素子（CCDやCMOS）が並んだイメージセンサが内蔵されている。レンズで取り込んだ画像を3,000×2,000個に分け、それぞれにあたった光

をデジタル化して、デジタルデータを作成している。つまり、600万画素のデジタルカメラで撮影した画像は、3,000 × 2,000 個の点の集まりで構成されている。

BSデジタル放送などで利用されているフルハイビジョン映像は、1,920 × 1,080 画素で構成されている。600万画素で撮影した画像はそれを超えるドット数であるため、フルハイビジョン対応テレビでも全部は表示されず、全体表示をおこなうためには、画素を減らして表示しなければならない。

しかしながら、この写真を一般的なカラープリンタ（300dpi）で、ピクセル等倍で印刷すると、横10インチ（25.4センチ）、縦6.7インチ（16.9センチ）にしかならない。B5サイズとほぼ同じ大きさである。これ以上のサイズで印刷すると、各ピクセルが拡大されるため、モザイクがかかったような画像になってしまう。撮影した画像をポスター等で利用する場合、これでは使えないということになってしまう。用途に応じた解像度での撮影を検討する必要がある。

2.1.3 保存形式（フォーマット）の検討

撮影したデータは、画像ファイルとして保存される。画像ファイルの保存形式にはさまざまなものが存在するが、デジタルアーカイブの目的に応じた保存形式を考えておく必要がある。

デジタルカメラ等の画像の保存形式で一般的に使われているJPEGは、ネット配信等に便利なように、データ圧縮（一般的に非可逆圧縮）して保存する。そのため、元データの持つ情報すべてを保存することはできない。JPEGに比べ処理の負荷は大きいが、その分画質と圧縮率の向上を改善したJPEG2000という規格も使われている。

元データを圧縮無しで扱う形式には、TIFFやRAWがある。これらで保存しておくと、画質を劣化させずに保存でき、後から容易に修正、加工ができる。反面、圧縮をしていないため、ファイルサイズが大きくなり、保存のためのデバイスコストがかかるという問題もある。

画像ファイルの形式も、コンピュータの進化に伴って、変わってくる。画像を処理するソフトウェアのサポートが無くなることもあり、定期的に確認をおこない、必要に応じて新しい形式に変換する必要もある。

2.1.4 撮影の際の注意点

デジタルカメラで撮影する場合、撮影環境を整えておくことも大切である。資料の背景（バックスクリーン等）、照明の光源の種類とセッティング、撮影時の天候等、使用するレンズ、絞り（感度）、シャッタースピード、シャープネスやホワイトバランス等の設定によって、写り方は大きく変わってくる。特に照明やホワイトバランスの影響により、撮影された画像は、元の資料と異なった色を示すこともある。撮影時にはカラースケールを用意し、一緒に写し込むなどの工夫も必要である。

また、これらのデータは、資料ごとに記録しておき、アーカイブに添付しておくことで、

より正確な記録として残すことができる。

その他にも、立体的な資料、動きのある資料、巨大なサイズの資料、音声等のデジタル化が考えられる。それぞれ目的に応じて、どのような機器を利用することができるか、十分に検討しておく必要がある。

2.2 デジタルアーカイブ活用のためのデータベース構築

2.2.1 メタデータの作成

デジタルアーカイブを長期利用、保存するためにも、管理のためのデータ（メタデータ）を作成しておくことが重要である。また、それらメタデータを管理するデータベースの整備も必須である。

一般的にほとんどの博物館で目録は整備されている。メタデータはこれら目録情報に、デジタル化の際の環境情報などを付加したものであり、館内で利用であれば、一から作り直す必要はほとんどない。しかしながら、今後、各館が所有するデジタルアーカイブを連携させ、横断的な検索をおこなっていく場合、統一された方法でメタデータを作成する必要がある。このようなメタデータの記述項目や記述形式のことを、メタデータスキーマとよぶ。

博物館ごとに所有する資料の性質が異なるため、メタデータスキーマの統一は難しいが、現在標準的に利用されているメタデータスキーマとして、東京国立博物館が作成した「ミュージアム資料情報構造化モデル」が用いられることが多い。デジタルアーカイブの連携を考えると、各館においてメタデータスキーマを作成する際、最低限このモデルの項目を含めておくべきであろう。

「ミュージアム資料情報構造化モデル」で示されている項目は、表1のとおりである。

表1　ミュージアム資料情報構造化モデル

資料情報の属性一覧			
性格		属性名	役割
識別・特定	1	識別子	記述単位を一意に識別する記号、番号。
	2	資料番号	組織によって資料に付された記号、番号。
	3	名称	資料の名前、呼称、タイトル。
	4	分類	資料の分野、種別。
	5	用途	民俗・考古資料などで資料が本来持っていた機能。
	6	様式	資料が作られているスタイル、流派。
物理的特性	7	品質形状	「材質」「技法」「形状」をまとめて記述する。この三つをそれぞれ記述する場合は省略。
	8	材質	資料を構成する材料、材質。
	9	技法	制作に用いられている技法。
	10	形状	資料の形状の類型。

	11	員数	資料の数量、点数。
	12	計測値	数値で表現できる計測値。寸法や重量。
	13	部分	資料の部分、下位の記述単位への参照。
	14	保存状態	資料の保存状態。
	15	付属品	資料に付属する物品。付属文書や箱。
	16	印章・銘記	資料に直接書き込まれた文字や印。
履歴	17	制作	資料の制作、成立に関する情報。
	18	出土・発見	資料の出土、発見に関する情報。
	19	来歴	資料の伝来、所有、使用の歴史。
	20	取得	購入、寄贈などにより資料が管理下におかれることになった際の記録。
	21	整理・処分	移管、売却、破壊、盗難などにより資料が管理下におかれなくなった際の記録。
	22	受入	寄託、借入などにより資料を受入れた際の記録。
	23	調査	資料の調査履歴。
	24	修復	資料の修復履歴。
	25	展示	資料を公開した際の記録。
	26	所在	資料が保管されている場所。収蔵庫、貸出先などを含む。
	27	価格評価	資料に対する価格評価の履歴。
	28	受賞・指定	資料が受けた賞の履歴や文化財指定の履歴。
関連・参照	29	権利	所有権、著作権、複製権など権利についての記述。
	30	関連資料	他の資料への参照。関連する記述単位への参照も含む。
	31	文献	関連する文書、刊行された図書、論文等への参照。
	32	画像	写真などの視覚的二次資料。
	33	記述ノート	その他の情報についての文章による記述。
	34	記述作成	記述の作成者、変更歴など。

それぞれの項目の記述形式も決められており、メタデータ作成にはこれらを守って作成する必要がある。

2.2.2 データベース管理システムの構築

メタデータの利用、管理では、データの検索や編集、抽出、修正等をおこなう。これらを効率的におこなうために、リレーショナル・データベース管理システム（RDBMS）を利用する。データベースシステムの構築には専門的知識が必要であり、専門業者に開発を依頼するか、博物館データベースに特化したデータベース管理ソフトの導入が必要となる。近年では、これらソフトや専用のハードウェアの維持管理にかかるコストや労力の問題もあり、クラウド上に構築されたサービスをレンタルして利用することもできるようになってきた。クラウドサービスでは、館ごとのカスタマイズ等の自由度は低くなるものの、低いコストで、管理の心配なく利用することができるメリットがある。ただし、データのバックアップなど、最低限の管理は各館の責任でおこなっておくべきであろう。

デジタルアーカイブのデータは、一度作ったらおしまいではない。資料が増えたり移動

したりするたびに、追加、修正をおこなわないと、正しいデータとして利用ができない。データを常に最新の正しい状態に保っておくための管理も重要である。

2.3 デジタルアーカイブと知的財産権
2.3.1 資料に関する権利

博物館が収蔵する古い資料にも、著作権や所有権が存在する。古い写真に人物等が写っている場合には、肖像権も加わる。著作権は無体財産権であり、所有権は資料そのものの有体物に対する権利である。これらは同じ人が所有していないこともあり、別々に配慮する必要がある。

著作権には、著作者人格権と著作権（財産権）がある。著作者人格権には公表権、氏名表示権、同一性保持権があり、これらは著作者が著作物を創作した時に発生し、譲渡することができず、著作者の死後も侵害することはできない。

著作権（財産権）には、複製権、公衆送信権、展示権などがあり、これらも著作者が著作物を創作した時に発生するが、譲渡することができる。また、著作権（財産権）は著作者の死後50年（映画は70年）で消滅し、自由に使うことができるようになる。

これに対し、所有権は物を直接的・全面的に支配する権利であり、所有者は、自己の所有物を自由に使用、収益、処分することができる権利である。自分の所有する以外のものを撮影したり、スキャンニングしたりする場合、所有者の許諾が必要となる（詳しくは11章）。

博物館に収蔵されている資料のうち、博物館が所有する資料はデジタル化することができる。しかし、博物館に収蔵されている資料でも、博物館に所有権がない場合がある。博物館の資料には、館が直接購入、収集したもの以外に、寄贈、寄託によって集められたものもある。通常はそれぞれの受け入れの際に契約を交わしているが、そこに、デジタルアーカイブについて許諾契約を結んでいない限り、それらを勝手に撮影したりすることはできない。これらをデジタル化するためには、別途利用許諾契約を結ぶ必要がある。

利用許諾契約については、文化庁のWebサイト「誰でもできる著作権契約マニュアル」に詳しく解説されている。また、利用許諾契約書の作成では、デジタルアーカイブ推進協議会（JDAA）の活動成果物、デジタルアーカイブ＜権利問題と契約文例＞等を参考にしてほしい。

この他にも、写真等を利用する際には、写っている人の肖像権にも配慮する必要がある。これも同様に、許諾が得られれば、デジタル化できる。

2.3.2 デジタルアーカイブの権利

デジタル化されたデータは容易に複製が可能である。また複製されたデータは劣化せず、オリジナルとまったく同じ複製が簡単に作成できる。これは、博物館のデジタルアーカイブが、勝手に複製され、利用される危険性があることを示している。

これを防ぐためには、博物館 Web ページにサイトポリシーを明記し、Web で提供される著作物の利用についての方針を明記しておくことが重要である。

　もちろん、これだけでは違法利用を防げない。写真データ等には電子透かし（ウォーターマーク）を入れるなど、不正利用をされた場合、それを証明することができるようにデータを作成しておく必要もある。音声データの場合、DRM 電子透かし等の導入をサイトポリシー等でアナウンスしておくことも、不正利用を抑止する効果が期待できる。

　公開するデータは、解像度を下げたものを利用することもひとつである。利用者にとって、どこまでの情報が必要かを十分に検討し、公開情報には十分な配慮をおこないたい。

　近年では検索エンジンで画像検索もおこなえるようになってきている。完全にチェックできるわけではないが、不正利用を探す定期的なパトロールも今後必須となるであろう。また、不正利用が発見された場合の対処方法についても、検討しておく必要がある。

　資料のデジタル化をおこなう際には、不用意な権利侵害や無駄な作業が出ないよう、これらの権利について事前に十分に調査、検討をおこなうことを心がけよう。

3. デジタルアーカイブの管理と運営

3.1 デジタルアーカイブの日常的管理

　デジタルアーカイブは、いったん構築すれば、それで終了というものではなく、長期的に、維持、管理、見直しをおこなっていく必要がある。通常、一度にすべての収蔵物についてのデジタルアーカイブ化をおこなうことは難しい。そのため、収蔵物をいくつかに分けて、順次作業をおこなっていくことも多い。当初の作業やデータベースの構築は専門業者に依頼することが多いが、継続的な資料のデジタル化は、職員が技術を習得し、実施していくこともある。日常の業務の中で、無理なくデジタルアーカイブの充実を図っていくためにも、導入時にその後の作業が容易となるインタフェースの開発、担当者の育成や作業フロー、マニュアル等の整備、担当者の作業時間確保のための業務の見直し等が重要になってくる。

　デジタルアーカイブは、来館者やネットからの利用だけでなく、館の業務の効率化、サービスの向上、危機管理等に役立たなければ意味がない。図書館では、図書にICタグとよばれる小型のICチップを埋め込み、それらを無接触で読み取るリーダを利用して、蔵書の管理をおこなっている。博物館の資料の場合も、資料の管理や、盗難防止等にこれら技術の利用が期待される。

　東日本大震災では、博物館も数多く被災し、その所有する資料が津波の影響を受けて流出したり、地震のゆれで破損したりした。資料の目録も流され、発生した火災によって焼失した。館のコンピュータやサーバも被災し、多くのデータが失われた。デジタルデータは、容易に複製ができるだけでなく、遠隔地にバックアップを作成しておくことも簡単にできる。デジタル化され、遠隔地のデータセンタにバックアップされていれば、これら資料は少なくともデジタルアーカイブとして残すことができたかもしれない。

　デジタルアーカイブは博物館の他にも、図書館、公文書館等で進められている（これら3館の英語の頭文字をとって、MLAと称されることもある）。元になる資料の形態は異なるものの、デジタル化されたデータは同様に扱うことができる。デジタル化の技術も、共通して使えるものも多く、今後はMLAが連携して、デジタルアーカイブ構築を進めていくことで、より幅広い知のデジタルアーカイブができあがるであろう。

　デジタルアーカイブは日常的に使ってこそ、その意味がでてくる。外部へのサービスのためはもちろんであるが、職員のためにもっと使うべきであろう。せっかくのデータベースをより有効に使うためにも、業務の見直しなどを積極的におこなっていくべきであろう。

3.2 アウトリーチ

デジタルアーカイブをさまざまな場面で活用することを、アウトリーチ（手を伸ばしてとる、手を差し伸べる）という。

アウトリーチの一つの事例として、国立情報学研究所が取り組む、「デジタル・シルクロード・プロジェクト」がある。このプロジェクトは、財団法人東洋文庫との共同で作成した『東洋文庫所蔵』貴重書デジタルアーカイブに含まれる画像データを用い、図1に示すWeb上に開発された「遷画ブラウザ」とよばれる仕組みを用いて、自由に閲覧、構成し、自分なりのやり方で画像を整理し、公開するといった作業を通して、シルクロード文化遺産のデジタルアーカイブを利用し、それを新しい人文学の創世につなげていくことを目的としている。

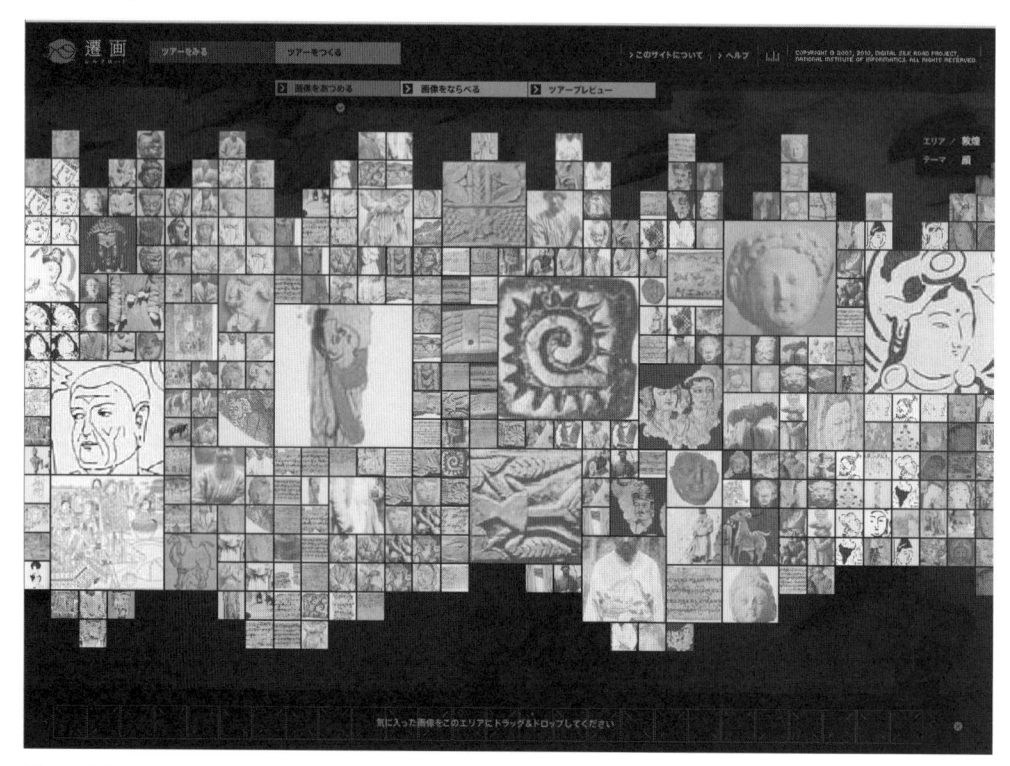

図1　遷画〜シルクロード　http://dsr.nii.ac.jp/senga/

この活動は、博物館や美術館などのワークショップとして実施されており、デジタルアーカイブの利用の一つの事例として参考になる。

その他にも館内のデジタル端末での提供や、来館者が持つスマートフォン等での利用など、今後さまざまな展開が期待できる。動物園や水族館などでは、来館者が普段見ることができない夜の動物や魚の様子を、デジタルアーカイブを用いて見せることも可能である。赤外線や紫外線を用いた特殊な撮影方法を用いて絵画や壁画等のデジタル化をおこなうことにより、肉眼では見えないものを見せることもできる。このようなデータは、学芸員の調査研究などにも利用できるものであろう。

デジタル化されたデータを館の紀要や図録、広報用のポスターに利用するだけではもったいない。さまざまなところで積極的に利用していくべきであろう。

3.3 人材の育成

デジタルアーカイブは常に成長していくものである。長期的にこれらを管理、活用していくためにも、デジタルアーカイブに関する知識を有する人材が必要となる。しかしながら、専門の人材を配置することは、ほぼすべての館において不可能であろう。何らかの業務を受け持つ人が、この業務に関して兼務せざるを得ないというのが実態である。

国立の博物館や図書館等において、資料のデジタル化に関する研修が開催されている。デジタル化の技術は日々進歩しており、常に最新の情報を入手し、アップデートしておく必要がある。このような機会を積極的に利用し、職員のスキルアップを継続的に図る必要がある。

デジタルアーカイブの作成を担当する人を、デジタル・アーキビストとよぶ。デジタル・アーキビストの知識や技術を認定する資格として、日本デジタル・アーキビスト資格認定機構が実施しているデジタル・アーキビストの資格認定試験の受験や、資格取得講習会への参加等も有効な方法であろう。

人材育成だけでなく、育成した人材が永く活躍できる職場づくりも大切である。業務の見直し等をおこない、過重な負荷がかからないような配慮も考えたい。　　　　　（黒田　卓）

〔参考文献〕

総務省知のデジタルアーカイブに関する研究会（2012）「知のデジタルアーカイブ―社会の知識インフラの拡充に向けて―提言」http://www.soumu.go.jp/main_content/000156248.pdf

総務省（2012）「デジタルアーカイブの構築・連携のためのガイドライン」http://www.soumu.go.jp/main_content/000153595.pdf

笠羽晴夫（2010）『デジタルアーカイブ―基点・手法・課題―』水曜社

俵木悟（2008）「東京文化財研究所の無形文化遺産保護のための取り組み」独立行政法人国立文化財機構東京文化財研究所無形文化遺産部編『第30回文化財の保存・修復に関する国際研究集会報告書無形文化遺産の保護－国際的協力と日本の役割－』pp.125-136

千秋利弘（2007）「福井県立恐竜博物館ウェブサイト閲覧状況と来館者数との関連性」福井恐竜博物館紀要 vol.6,pp-63-68

東京国立博物館　博物館情報処理に関する調査研究プロジェクトチーム（2005）「ミュージアム資料情報構造化モデル」http://webarchives.tnm.jp/docs/informatics/smmoi/

東京大学大学院情報学環・学際情報学府社会情報研究資料センター（2011）「文化資源のデジタル化に関するハンドブック　詳細版」http://www.center.iii.u-tokyo.ac.jp/handbook

国立国会図書館（2011）「国立国会図書館資料デジタル化の手引2011年版」http://www.ndl.go.jp/jp/aboutus/digitalguide.html

デジタルアーカイブ推進協議会権利問題研究委員会（2001）「デジタルアーカイブ〈権利問題と契約文例〉」
　　http://www.dcaj.org/jdaa/public/kenri/kenri.html
文化庁「誰でもできる著作権契約」http://www.bunka.go.jp/chosakuken/keiyaku_intro/index.html
国立情報学研究所「デジタルシルクロードプロジェクト・アウトリーチ」http://dsr.nii.ac.jp/outreach/

ミニ演習問題

・ネットワーク上に存在するデジタルアーカイブを閲覧し、どのようなデータをどのように活用できるようになっているのか調べてみよう。

・身近なものをデジタルカメラで撮影してみよう。その際、活用の目的を設定し、その目的に応じた撮影方法を考えてみよう。また、撮影の条件等メタデータに必要とされる情報を確認してみよう。

・身近なものをデジタル化する際に、どのような権利処理が必要となるか確認してみよう。また実際に必要となる書類を、文化庁 Web ページ等を参考に作成してみよう。

第 10 章

メディアは身体：
メディアによるユニバーサルの手法

1. あらゆる人がアクセスできる博物館を目指して

1.1 ユニバーサル、そしてアクセスという観点

　すべての人に開かれたユニバーサルな博物館という理想を掲げることは容易い。しかし、具体的な事業改善の前に、常連の利用者や展示内容などの「当たり前」に敏感になる必要があろう。欧米では博物館が中産階級以上の白人男性文化の体現ではないかと検証がなされてきた。日本でも、余裕がある人々の文化施設というイメージはないだろうか。

　障害者や特定の民族、難民などの社会的に排除（エクスクルード）された人々を、国や地域の責務として「包み込む」政策が、欧米で進められている。社会的な正義（ジャスティス）や包摂（インクルージョン）などの政策理念や「ノーマライゼーション」といった社会福祉の考え方は、博物館への「アクセス」を保証しようとする取り組みに連動する。遠い、といった物理的な理由で来られない人だけでなく、自らの文化的背景から博物館に関心がない、また困窮のただ中にあって「それどころではない」人々にも保証されるべき、という理念は、ICOM 倫理規程（2004年改定）の「幅広い観衆にはたらきかけるべき」の真意といえる。同様に、イギリスの博物館認証制度（2011年改定）でも、歓迎的でアクセスしやすい環境と、サービス、設備を整えることは必須条件となっている。

　脱学校論で知られる思想家、イヴァン・イリイチ（Ivan Illich, 1926-2002）は、専門化や生産性のための不平等が許される産業主義社会に対し、自立共生的（コンヴィヴィアル）な社会を提唱した。すべての人の参与する多元的な社会を目指し、誰でも容易に使用でき使用許可も不要な道具（ツール）が公正の基礎だとした。この「コンヴィヴィアリティのための道具」は、ICT（コンピューターや情報の技術）によって実現に近づいたのではないだろうか。これからの博物館は ICT などの社会的ツールを最大限に活用し、公正なアクセスを「当たり前」にすることが求められよう。

1.2 アクセス保証の最先端：障害者対応を中心に

　博物館におけるアクセスとは、もちろん実際の交通情報も重要であるが、利用しやすさ、親しみやすさといった受け入れの許容度を示す概念といえる。例えばニューヨークのメトロポリタン美術館の Web サイトでは「アクセス」として以下の項目を挙げている。

　駐車（大型車両）、補助犬、車椅子（エレベーター）、補聴器（FM、磁器ループ）、文字情報、手話通訳、大型活字、音声ガイド、公衆電話、分館（The Cloisters）訪問案内

　幅広い程度、種類の障害に対応できる設備とスタッフが用意されていることがわかる。

事前に申し込むサービスもあるが、専用の窓口（Access Coordination office）が柔軟に対応し、障害児者の個人や団体に合わせた鑑賞プログラムも用意されている。

　1970年代以降に普及した視覚障害対応の「触れる展示」は、ICTで可能性が広がった。イギリスの美術館、テート（Tate）が2002年に公開したオンライン資料（i-Map）は、音声や点字のテキスト、触図、動画で作品を鑑賞できる。聴覚障害対応では名古屋市科学館などで導入され、音響装置で調整された音声を直接補聴器で受信できる磁器ループが注目される。知的障害、精神障害をもつ利用者への取り組みも広がっているが、他分野の施設設備や空間づくりの理念から多くを学んでいく必要があるだろう。例えば、児童厚生施設の岩手県立児童館いわて子どもの森の「スヌーズレンの部屋」などが注目される（図1）。

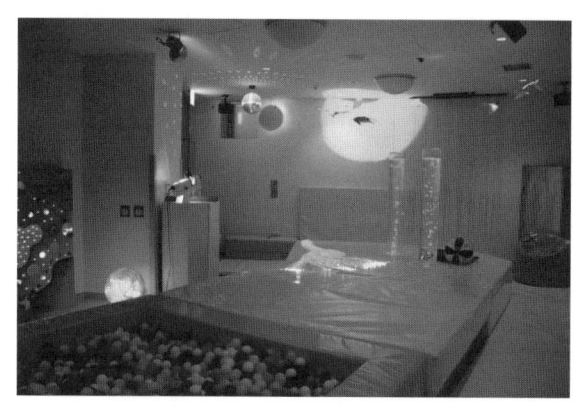

図1　いわて子どもの森「スヌーズレンの部屋」
障害をもつ来館者が、スヌーズレンの器具や環境構成をとおして、視覚、聴覚、触覚、嗅覚などの心地よい刺激を感じ取り、楽しみ、くつろげる空間である。（写真提供：岩手県立児童館いわて子どもの森）

1.3　「ユニバーサルな博物館」を目指すために

　1990年のアメリカ障害者法（ADA）、また1995年のイギリスの障害者差別禁止法（DDA）は、アクセス保証が博物館の責務として認識され、設備やサービスの改善を急進させる契機となった。ADAは2008年、DDAは2010年に改定され、「障害」の定義と、障害者を雇用する者の義務が拡大された。障害者がスタッフとして参加できる契機となり、博物館のユニバーサル化も前進した。2008年に始められ16億ポンドが投じられたイギリス（イングランド）博物館等施設の障害者平等計画は「卓越、広がり、参加、多様性への改革」を掲げ、障害者雇用やデジタル化を推進課題とした。現場の意識改革や実践を支える国や自治体の法制度と施策、予算整備、そしてICTの活用は重要である。

　他分野から学ぶことも必要である。日本図書館協会では障害者サービス委員会を設け、障害者をはじめ入院患者や自宅療養者、高齢者、在日外国人などの図書館利用を進めている。サービス担当職員、ボランティアの研修や自治体への要望、ガイドラインの策定などをおこなう。「ユニバーサル・デザイン（UD）」は企業も開発に取り組んでいる。

第10章　メディアは身体

　教育現場では国際規格であるDAISY（Digital Accessible Information System）の導入が進む。マルチメディア教材と専用の再生機能によって多様な障害への対応、学校以外の場での利用や、規格の自主開発も可能である。2008年の「教科書バリアフリー法」や2011年の国の「教育の情報化ビジョン」はDAISYなどの条件整備を示した。

　新しい学習指導要領や教材整備指針では学習障害（LD）や注意欠陥多動性障害（ADHD）も含む特別支援教育への対応が加えられた。しかし、普通学級にいるディスレクシア（読み書き困難）などの障害をもつ子どもや外国人の児童生徒の多くは必要な学習支援を受けていない現状がある。ひとりひとりに寄りそうことで万人の利用を「当たり前」にする制度設計は、21世紀の博物館の必須課題であろう。　　　　　　　　　　　　　　（梨本加菜）

〔参考文献〕

イリイチ、イヴァン（1989）『コンヴィヴィアリティのための道具』渡辺京二他訳　日本エディタースクール出版部

Arts Council England(2011), *Culture, knowledge and understanding: great museums and libraries for everyone*, London: Arts Council England

2. さまざまな障がい（害）をこえて

　ユニバーサルデザインの基本は、あらゆる人々が精神的、身体的、物理的制約から開放され、誰もが生き生きと自由に自己実現のできる環境づくりを目指す点にある。マクロの視点に立っていえば、観覧し、利用する施設の環境に対してヒューマニスティックな理念のもとに、障害となるバリアーを取り除き、人間にとって最適の社会を創出する思想であり、そこには心理学や生理学、人間工学などの物心両面からの研究と分析が集約され、その成果が施設づくりや設備の整備に反映される。ミクロの視点からいえば、立地、建築、展示、設備、運営等のそれぞれの状況に対して、バリアーを解消する具体的な取組みがなされる。例えば、目の不自由な人々には点字による表現の有効性さらには表示位置の適正に対する検証、誘導床ラインの設置や手摺りの付設、車椅子を利用する人々には、段差の解消、観覧しやすい展示ケースやステージ（台）のデザインと仕様の精査、また直接に資料、模型、レプリカなどに触れて展示を五感で体感することのできるハンズオン展示の開発と導入など、個々の状況に応じた最適な環境整備への施策が考案され、実践される。

　ここでは、博物館建設に当たって、ユニバーサルデザインの理念に立脚し、随所にバリアフリーの試みを新たな視点と発想から実用化を実現した「宮崎県立西都原考古博物館」（平成16年／2004開館）を中心に"メディアによるユニバーサルの手法"の事例を取り上げる。

2.1　「触察ピクトシステム」の開発と導入

　「宮崎県立西都原考古博物館」では、ややもすると博物館に距離を置いていたと思われる視覚不自由の人々に対する環境の整備が展示の設計段階から課題として上げられ、県内の福祉関連団体の協力の下に、開館後の運営のあり方と連動して検討されてきた。

　その成果の一つが「触察ピクトシステム」の考案である。触れて感受する立体サイン、すなわち、触察ピクトシステムの基点には、博物館独自で開発した"ユニバーサルデザイン（UD）カウンター"が設けられ、来館者は、このカウンターでピクトの種類とその意味する情報内容をマスターする。このカウンターには職員がガイド役としてアテンドしており、ユーザーとの交流、コミュニケーションの場にもなっている。

　"私"のいる現在地の表示ピクト、ハンズオン展示の位置、音声ガイドの流れる位置、階段、エレベーター、図書室、トイレ（男女別）、給水器等の存在を手先の触覚で認識する、いわば凡例的な役割を負うカウンターである。ピクトの種類は15種程度を標準に設置し

第10章　メディアは身体

ているが、組み合わせや更新が可能なように設計されている。

　さらに、このカウンターには館内を誘導する手摺りとともに床に設けた誘導ラインがセットで併設されており、ゲストの空間移動や参加体験情報の認知がスムーズに伝わるように配慮されている。触察ピクトはもとより、手摺りの大きさや床の誘導ラインの素材、仕様、感触等については、ユーザーの参画のもとに実寸大の模型の試作により、綿密な検証が繰り返しおこなわれた。

写真1　「宮崎県立西都原考古博物館」のUDカウンター

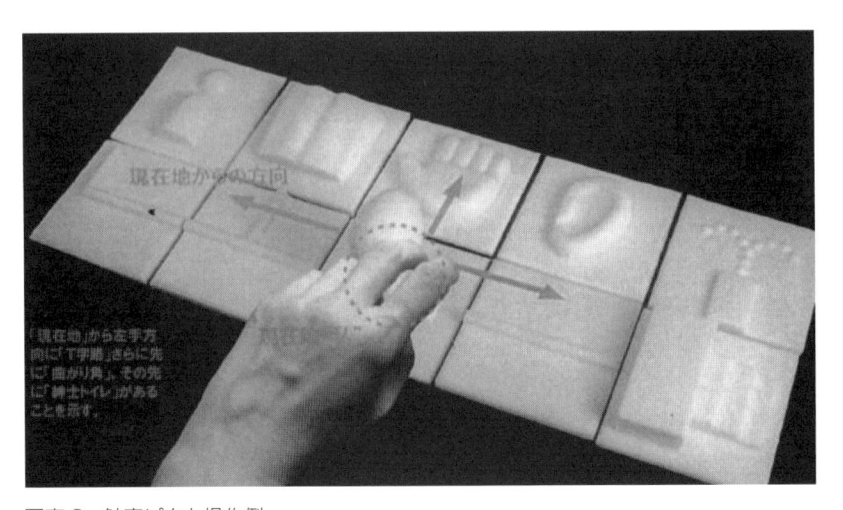

写真2　触察ピクト操作例

2．さまざまな障がい（害）をこえて

写真3　触察ピクトとハンズオン展示の土器

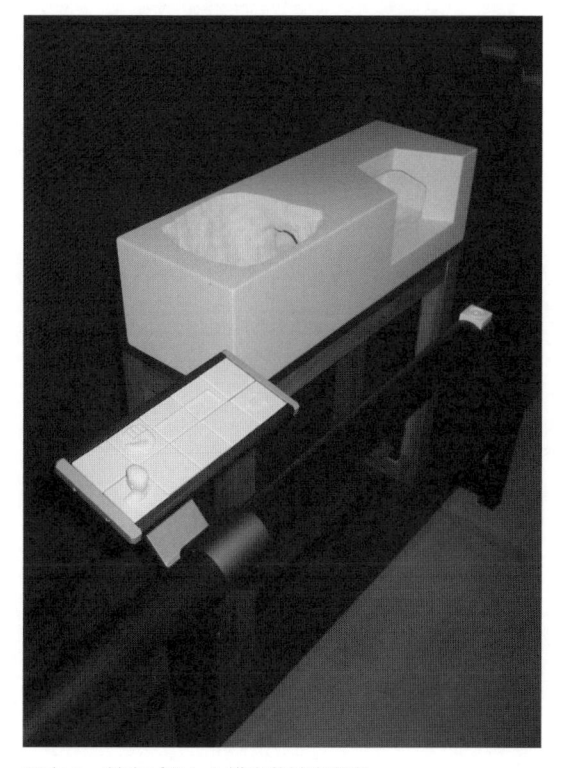

写真4　触察ピクトと横穴墓触察造形

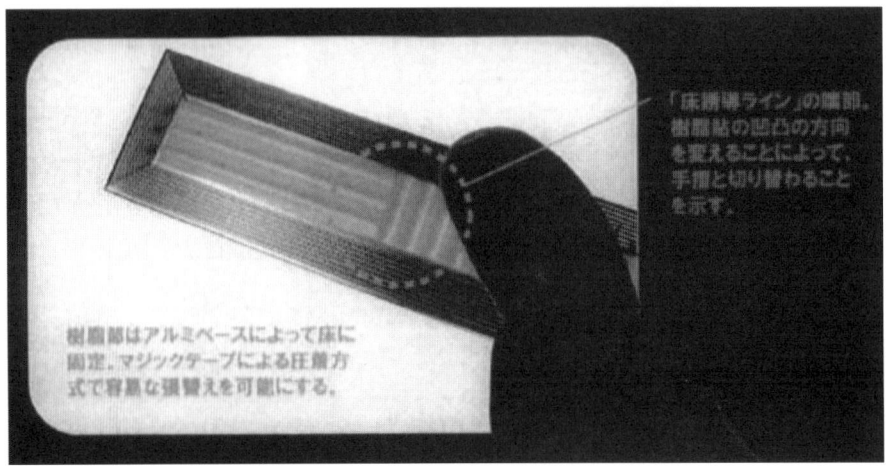

写真5　床誘導ライン

2.2 視覚不自由者に対して、展示空間誘導と情報伝達の両立を可能にした「ジャケットタイプ」の音声ガイド

また、視覚の不自由な人々に対しての展示解説情報の提供方法についても、館オリジナルな装備の開発に工夫を凝らしている。

すなわち、主導線上に配置された手摺りを片手に握り、もう一方の片手に白杖を持つ姿勢でも、展示解説が享受できるように、「音声ガイド」をジャケットタイプに装備、装置化したのである。手摺りには、展示の配置と方向を示唆する「触察ピクト」が組み込まれ、その線上には触れて体感する「ハンズオン展示」等がある。加えて各コーナーの展示情報は、ジャケットタイプの音声ガイド装置により、両手をふさがれたままでも、肩の部位に

埋め込まれたスピーカーから自動的に流れてくる。ジャケット内には、天井部に設けられたセンサーに反応する制御機器と受信機、SD カードが装備されており、ソフトの拡張や更新が容易にできるようになっている。スイッチや音量調節の操作は、起点時における一度の設定で機能が果たせるように単純化されている。

写真6　ジャケットタイプの音声ガイド

2.3　観覧者の属性に応じた情報提供システムの整備

なお、他のさまざまな分野の博物館施設でもユニバーサルへの展示の取組みがおこなわれている。

その代表例に「国立科学博物館」（2004 年リニューアルオープン／新館）の IT 技術を導入した情報提供システムが挙げられる。来館者に無料で配られる IC カードを展示物の前にセットされた情報端末装置にかざすことで、その人に合った展示物の解説が呼び出される。例えば、英語圏の外国人だと英語表示で、韓国人だとハングル語、中国人だと中国語で解説がなされる。また、親と子どもで違った解説を楽しむこともできる。大人向けの解説には文字が多く、専門的な用語も多用されているが、子ども向けにはイラスト入りで短く優しい言葉で解説がなされる。情報は、画面をタッチし検索していくことで、さらに詳しい情報に接することができ、来館者の属性とニーズにあった情報提供が可能になっている。またこのシステム（LAN）では、各情報端末のどのソフトに人気が集まり、どの

第 10 章　メディアは身体

ソフトが敬遠されるか等の来館者の人気の度合いがコンピュータに自動的にデータ集積されされることで、その後の展示改善に役立つ点にも関心が寄せられている。

なお、外国人対応には、館内で持ち運びのできる小型情報端末の整備が世界的に進められているようで、個人的にも韓国国立博物館等での日本語の小型携帯端末の利用で、その技術と手法の有効性に改めて気づかされた。

写真 7　国立科学博物館／新館の IC カード

写真 8　IC カードで検索した画像に接する観覧者

2. さまざまな障がい（害）をこえて

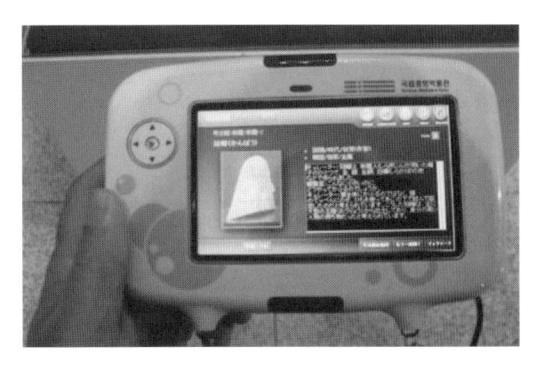

写真9　韓国国立博物館の携帯端末で日本語による解説を享受する筆者と端末機器

※宮崎県立西都原考古博物館の事例写真は株式会社乃村工藝社・志水俊介氏より提供いただいた。

（髙橋信裕）

3. 多文化教育のために

3.1 多文化教育とは

多文化教育とは、「人種や民族、社会階層、ジェンダー、性的指向性、障がいの有無など、あらゆる文化集団に属する人々に構造的な平等、及集団間の共存・共生の実現を目指す教育理念及び、教育実践であり、教育改革運動である」(森茂、2012)。あらゆる文化集団に属する人々を対象にして平等、共存共生の実現を目指す実践、改革運動という意味で、どの博物館も多文化教育を展開する意義と可能性を有している。博物館を多文化教育の視点から眺めるとき、多文化教育を意識した教育活動をおこなっているかどうか、博物館全体の構成や要素が多文化社会を反映したものかどうかという見方ができる。

3.2 海外の博物館事例から

3.2.1 多文化社会の生成に気づかせる

ハワイ先住民をはじめポリネシア地域に関する収蔵物や研究の蓄積で知られているハワイのビショップミュージアムでは、「伝統と変遷―ハワイ移民の物語―」が2011(平成23)年秋から2012(平成24)年夏まで開催された。19世紀以降のプランテーション労働移民から現在までの移民に関し、日系移民を中心に家族の収蔵物、個人的な写真などを通して、伝統保持と変容を描いている。また、この展示に合わせて、2012(平成24)年夏から秋にかけて開催された特別展「語る織物―ハワイプランテーションの日本人移民の衣類―」では、ハワイ服飾研究者バーバラ・カワカミ氏によって収集、調査された品々が展示された。日系移民の服飾が中国、韓国、ポルトガルなどの他地域からの移民との接触によって変容した様も紹介している。これらの展示は、ハワイが多文化社会になる様子や、文化変容が伝えられ、展示そのものが多文化教育の機能をもつ。ビショップミュージアムの本館ともいえるハワイアンホールでは、ハワイ先住民に関する常設展がある他、特別展としてポリネシアの島々に関する展示も開催されるなど、先住民、太平洋諸島民の文化、移民の文化を学ぶことができ、博物館全体としても多文化教育の場となっている。

3.2.2 他民族集団の展示から多文化社会を学ぶ

アメリカのワシントンDCにある全米アメリカン・インディアン博物館は、南北アメリカ先住民に関する全米最大規模の博物館である。南北アメリカ先住民の歴史と文化について、過去の物語としてではなく、モノ(展示物)とヒト(インタープリター)を媒体として、現在の先住民について伝えている。「アメリカ先住民」として一括りにされがちな先住民

集団の多様性を描く。ここでの多文化教育は、先住民の子どもが学校では学べない先住民の視点にたった歴史の見方や文化を学び、自尊心を養うだけではない。また、先住民以外の来館者に先住民集団は単一文化ではないことを気づかせるだけでもない。インタープリターの問いかけによって、アフリカ系の子どもたちは、ヨーロッパ系による抑圧や暴力、抵抗の歴史を先住民の視点から学びつつ、同時に自分のエスニシティに課された歴史を振り返る。アジア系の子どもは、移民国家アメリカにおける人権問題や先住民をマイノリティ集団に押しやっている移民の子孫としての自分のルーツを考える。このように、アメリカ先住民をテーマとした博物館でありながら、先住民ではない子どもを含めたすべての来館者に、抵抗としての姿勢や生きている歴史（living history）をヒトを介在して伝え、多文化社会における問題をつきつけている。

写真1 「みんな現代に生きている多様なトライブの人なんだよ」と話すインタープリター。（全米アメリカン・インディアン博物館にて）

3.3 国内の博物館事例から

3.3.1 理念の実現と教育改革運動としての多文化教育

日本国内には、アイヌ民族展示を含む北海道開拓記念館、在日の歴史や女性の役割および権利の問題を含む大阪人権博物館、内外の日本人移民をテーマにした海外移住資料館など多文化教育の推進に寄与している博物館や資料館がある。

国立民族学博物館では、日本の多様性につながる「言語」「アイヌの文化」「朝鮮半島の文化」の展示があり、多文化教育の機能を有している。特にユニバーサル・ミュージアムの可能性を求めて、さわる展示として「世界をさわる―感じて広がる―」コーナーを設けている。民博は視覚障がい者である広瀬浩二郎を迎え、触る展示をつくっている。これは多文化教育が求める構造的な平等、理念の実現、教育実践、教育改革運動の姿と一致する。視覚障害者はもちろん、どの来館者も「触る」ことを通して展示を味わうことができる。

写真2 「じっくりさわってわかる！」民博にて。

3.3.2 アイヌ民族展示と多文化教育

アイヌ民族に関する展示をもつ博物館や資料館では、アイヌの人々の伝統的家屋チセや伝統的な生活を伝える映像を見ることができる。学校で使用される社会科教科書には、松

前藩に抵抗したシャクシャインの闘いを記念した像が掲載されるなど、歴史的な記述がある。北海道ではアイヌの舞踊などを見ることができる。こうしてみると、アイヌ民族について学ぶ機会は少なくないように見えるが、こうした学習が、アイヌの人々を過去に押しとどめ、現代生活とはかけ離れたステレオタイプなアイヌ像を再生産することも指摘されている（中山、2012）。スチュワート・葉月（2006：57-68）は、博物館におけるアイヌ展示に関しても、ごく一部の例外をのぞいてアイヌ民族の「現在」を展示する施設がなく、来館者は今でも展示にあるような生活をしていると誤解する可能性があると指摘している。多文化教育の視点から、ステレオタイプな認識を深めるような展示になっていないかどうか、現代アイヌ民族を理解するための教育活動を検討しなければならないだろう。

3.3.3 多文化教育と博物館運営

大阪の人権博物館を視察した大阪市長が「子どもに夢を与える展示になっていない」と補助金の打ち切りを表明し、同博物館の存続を求める世論が2012年6月におこった。多文化に関するテーマは社会問題を多く含む。こうした博物館は、一般的に子どもが楽しいと感じる展示をおこなう博物館のような来館者数を期待することは難しい。そこで行政支援が必要となるが、来館者数と夢を与えるかどうかという判断で存続が問われることの問題も考えなければならない。

（中山京子）

〔参考文献〕

スチュアートヘンリ・葉月浩林（2006）「アイヌ民族の表象に関する考察―博物館展示を事例に―」放送大学『放送大学研究年報』24

中山京子（2012）『先住民学習とポストコロニアル人類学』御茶の水書房

森茂岳雄（2012）多文化教育　日本国際理解教育学会編『現代国際理解教育事典』明石書店

ミニ演習問題

近くの博物館や資料館には、どのような多文化教育を意識した取り組みがみられるだろうか。

第 11 章

それって誰のもの？：
情報とメディアの法的な問題

1. 著作権序論

1.1 はじめに

　博物館の重要な使命・機能として、情報発信がある。しかしながら、それらの情報には、種々の権利などが存在し、権利者などの承諾なく発信などの利用をおこなうことができない場合がある。例えば、資料として保有している写真についていえば、撮影したカメラマンにその写真の著作権が認められているし、その写真に彫刻などが写っていればその彫刻家の著作権も認められる。また、被写体となった人との関係では、肖像権やパブリシティ権、そして、プライバシーの権利についての配慮が必要である。

　本章では、博物館が情報を発信するに際して気をつけなければならない法律関係を説明する。

（本章では、適宜、参照すべき法律条文を記しておく。条文については、総務省が提供している「法令データ提供システム」（http://law.e-gov.go.jp/cgi-bin/idxsearch.cgi）など、インターネット上でも容易に確認することができるので、必要に応じ直接条文を参照されたい。）

1.2 著作権法による保護の意義

　著作物を創作した人には、その著作物の利用について著作権法によって著作権等の権利が認められることになる。例えば、絵画を描いた人は、その絵画の所有権とは別に著作権等の権利が認められ、その絵画の所有権を譲渡しても、著作権等がそれと一緒に譲渡されることはない。絵画が消失しても、著作権等はそのまま存続する。これらのことは、絵画の写真が残っていれば、複製して利用したりすることができることを考えれば、容易に理解できるであろう。

　著作権等は、このように著作物の無形的な利用に関する権利である。小説や論文、絵画、音楽など著作物と認められるものはさまざまであるが、それらは、その内容（情報）を知る（享受する）ことに価値があるということができる。絵画の例でいえば、絵画の原作品という有体物を所有することにも財産的な価値があるが、それとは別に、複製画や画集、インターネット上の画像などを通じてその絵画を鑑賞させること（絵柄という情報を享受させること）にも価値があり、著作権等はそのような利用についての権利として著作権法によって認められているのである。

　博物館においては、論文であったり、絵画・イラストであったり、写真であったりと多

様な著作物を情報として発信する。それゆえ、他人の著作権等を侵害しないように、権利の有無等を確認し、必要な場合にはあらかじめ許諾を得ておかなければならない。

以下では、著作権法によって認められる権利とその内容について概説し、特に博物館において注意すべきポイントを解説する。

1.3 著作権法による保護の重要な特徴
①表現したものを保護する

著作権法により著作物として保護されるのは、後に詳しく説明するように、「表現したもの」に限られ、その背景にある思想・アイディアそれ自身を保護するものではない。

②相対的な権利である

偶然、同じ表現の著作物が作り出されることがある。この場合、先行する著作物を真似して創作したものでなければ、後から創作された著作物は先行する著作物に関する著作権を侵害するものではなく、別個独立に著作物として保護される（＝相対的独占権）。

③無方式主義

著作物として保護されるために、登録などの特別な手続きは不要である。著作物を用いる場合に、「ⓒ xxx2012」など表記がなされることも多いが、著作権者を示すためのものであり、このような表記がなされていなくとも著作物として保護される。すなわち表記がなされていないからといって、自由に利用できるものではない。

（なお、著作権者が、著作権を保持したまま著作物を自由に流通させてよいという意思表示の方法としてⓒⓒというマークを付すというクリエイティブ・コモンズ（Creative Commons　国際的非営利団体）の運動が存する。）

④人格的利益も保護される

著作物は著作者の思想または感情を表現したものであり、著作者の人格の発露ともいうべきものである。そこで、人格的利益を保護する規定が設けられている。

⑤条約により国際的に保護される

著作権法は日本の法律ではあるが、ベルヌ条約や万国著作権条約などの条約（世界のほとんどの国が加盟している）により、加盟国間で相互に保護されることになっている。それゆえ、前記の無方式主義と合わせ、著作物を創作したと同時に、何らの手続きを要することなく世界中で著作物の保護が認められることになる。

1.4 著作権についての思考の順序

著作権等について考える場合、図1記載の順序で整理して検討することが望ましい。権利が発生していなければ、その余の点を検討する必要はないし、権利者が定まらなければ許諾が有効か否かも定まらないからである。

以下の説明もこの順序でおこなう。

1．権利が発生しているか
　　　著作物か（著作権法が対象とする著作物に該当するか）
　　　権利が存続しているか
2．権利は誰に帰属しているか
　　　著作者は誰か（著作者に権利が与えられる）
　　　　　職務著作、共同著作
　　　権利者は誰か（権利譲渡の有無）
　　　　　権利譲渡
3．著作権等の行使の対象となる行為か
　（著作者人格権、著作権のそれぞれ権利の内容に該当する行為が存在するか）
　　　　　著作物の利用の内、特定の利用態様について、著作権としての権利行使が認められる（支分権制度）
　　　　　　　例：複製権は存在するが、複製したものを読む、見ること自体には、著作権は働かない。
　　　　　著作権は特許権などと異なり、まったく同一の著作物であっても新たに創作した場合には別個の著作物と認められるので（相対的独占権）、その場合には著作権の侵害にならない。
4．許諾を得ているか、許諾の範囲内の行為か
5．著作権が法により制限される場合に該当しないか
6．どのような権利行使が可能か

図1　著作権について検討する場合の順序

2. 著作物と著作者

2.1 著作物

2.1.1 著作物とは

著作権法は、著作物を「思想又は感情を創作的に表現したものであって、文芸、学術、美術又は音楽の範囲に属するものをいう。」と定義している（2条1項1号）。

「思想又は感情」とは広く人間の精神活動全般をさすとされ、「創作的に」とは厳格な意味での独創性とは異なり、著作者の個性が現れていればよいとされる。

「表現したものであって」とは、具体的な表現が保護され、表現の前提・背景にある思想や理論、表現手法や作風等自体は著作物として保護されないことを意味する。したがって、例えば他人が発表した理論を盗用して同じ理論を発表したとしても、その理論の説明の仕方（＝表現）が異なれば著作権侵害とはならない。もとより、そのような行為は研究者として絶対に許されない行為であり、懲戒処分を受けたり、時には、その一事をもって学者生命が終わることもあるが、その判断は学術分野の自律に委ねられているといえるのである。なお、著作物であるためには、表現されていればよく、媒体に固定されていることは要件とされない。講演などで録音されていなくとも著作物として認められる（裁判などにおいてその表現を立証できるかは別の問題である）。

「文芸、学術、美術又は音楽の範囲に属するもの」とは、知的、文化的精神活動の所産全般を指すとされるが、実用品のデザイン（工業デザイン）は一般には著作物とは認められない。例えば椅子のデザイン等は著作物とは認められないとされる。ただし、絵皿のような美的観賞性を有する美術工芸品は、美術の著作物に含まれるとされている（2条2項）。

なお、大量生産されるためのデザインであっても、土産物用の人形や、Tシャツに描かれた絵画のような絵柄については、実用面を離れて自由に表現でき、美的観賞性を持つことから美術の著作物に含まれると判断した裁判例がある。

2.1.2 著作物の例

著作権法は、著作物の例として、図2に掲げる九つのジャンルを掲げるが、これに限定されるものではない（10条1項）。工業デザインは著作物とは認めらないが、機械製品の図面は、「学術的な性質を有する図面」であれば著作物と認められる。

```
①小説、脚本、論文、講演その他の言語の著作物
②音楽の著作物
③舞踊又は無言劇の著作物
④絵画、版画、彫刻その他の美術の著作物
⑤建築の著作物
⑥地図又は学術的な性質を有する図面、図表、模型その他の図形の著作物
⑦映画の著作物
⑧写真の著作物
⑨プログラムの著作物
```

図2　著作物の例

　このように、著作物として認められる範囲は広く、例えば幼児が描いた絵も著作物と認められることになるが、自然科学上の発見や観測データなどは人間の精神活動とは異なる客観的なものなので、たとえそれに多大な価値があっても、著作物とは認められない。著作物と認められるか否かと、それが社会的に価値あるものか否かは無関係なのである。

　また、誰が記述しても同様となるようなありふれた表現は、創作性を欠くので著作物とはならない。新聞記事などについては、例えば首相の動静や死亡記事のような事実のみを短く伝えるものは著作物とは認められていないが、それぞれの社によって表現が相違する、換言すれば個性が表れているような記事であれば著作物と認められる。

2.1.3　二次的著作物

　著作物を翻訳し、編曲し、もしくは変形し、または脚色し、映画化し、その他翻案することにより創作した著作物を二次的著作物という（2条1項11号）。例えば、彫刻を写真撮影した場合、どのようなアングルで、どのような光を当てて撮影するかについては、カメラマンの個性が現れるので、その写真については、被写体たる彫刻（原著作物）が著作物であるのと同時に、写真も新たな著作物である。このように原著作物に新たな創作が加えられて創作された著作物が二次的著作物である。外国語の論文・小説を翻訳したものも、翻訳者の創作が加えられているので、二次的著作物である。

　二次的著作物に対する著作権法による保護は、その原著作物の著作者の権利に影響を及ぼさない（11条）とされているので、二次的著作物には、二次的著作物を創作した著作者（カメラマン）の権利が認められると同時に原著作物を創作した者（彫刻家）の権利も認められる（後述3.3⑦参照）。このように、著作権の世界では、一つのものに、複数の著作者の権利が認められることが少なからずある。

　なお、原著作物について、著作権の保護期間が経過していても、二次的著作物についての権利は認められる。例えば、平安時代の仏像を撮影した写真については、仏像についての著作権は問題とならないが、写真の著作権の処理は必要である（同様に、被写体が著作

物と認められない実用品等であっても、その写真の利用についてはその著作権の処理が必要である)。

2.2 著作者
2.2.1 著作者とは

著作者とは、「著作物を創作する者をいう」(2条1項2号)とされている。上記のとおり、著作物とは、思想または感情を創作的に表現したものとされるから、著作者とはこのような創作的な表現をおこなった者をさす。したがって、表現それ自体ではなく、創作に当たってのアイディアや示唆を与えたにすぎない者、創作の機会や資金を提供したにすぎない者などは著作者ではない。

2.2.2 職務著作（15条）

上記のとおり、著作者とは創作的な表現をおこなった者とされており、基本的には自然人が想定されている。しかしながら著作物が創作されるケースとしては、法人等の事業活動の過程で創作される場合もあり、我が国の著作権法は一定の要件のもとに、創作的表現をおこなった自然人に代わって、法人等の使用者が著作者になると定めている。すなわち、法人等の発意に基づき、その法人等の業務に従事する者が、職務上作成する著作物で、その法人等が自己の著作の名義の下に公表するもの[1]の著作者は、その作成の時における契約、勤務規則その他に別段の定めがない限り、その法人等とすると規定されている。

「法人等の業務に従事する者」とは、雇用関係にある者に限られず、法人等の指揮監督下において労務を提供しており、法人がその者に支払う対価が労務提供の対価と評価できるような場合を含むと解されている。一時的なアルバイトなどでも指揮監督下での労務の提供となるが、独立して仕事をしているカメラマンに写真撮影を依頼するような場合はこれに含まれない。

2.2.3 映画の著作物（16条）

また、映画の著作物に関しては、その制作過程で多くの者が創作行為に関与することが通常であるため、権利関係が複雑化しないよう、著作権法では「映画の著作物の全体的形成に創作的に寄与した者」が著作者となる旨規定されている。

ここにいう「映画の著作物の全体的形成に創作的に寄与した者」とは、映画監督のように、映画の著作物の全体に対して一貫したイメージを有し、創作活動全般に参画した者がこれに該当すると解されている。なお、映画に関しては、著作権は著作者ではなく映画製作者に帰属するとされている（29条）。

3. 著作権

3.1 著作権と著作者人格権

①著作者人格権、著作権とは

　著作者には、その著作物に関する著作者人格権と著作権[2]が付与される（17条）。著作物は著作者の思想または感情を創作的に表現したものであり、著作者の人格の発露ともいい得るものである。そこで著作者には、複製権などの著作物の利用に関する経済的な権利である著作権のみならず、著作者の人格的利益を保護するために著作者人格権が特に認められている。

②著作者人格権と著作権の性質の異同

　著作者人格権も著作権も、登録等の手続きを要さずに、創作により当然に発生する点や、その具体的な権利は個々の条文で定められていて、その各権利の集合（権利の「束」などと言われる）である点などにおいて共通する。

　他方、経済的な権利である著作権については保護期間に関する規定（51条ないし58条）が定められている点や、著作者人格権については一身専属的であり譲渡することができない旨規定されている（59条）のに対して著作権は譲渡することができる旨規定されている（61条1項）点などにおいて相違する。

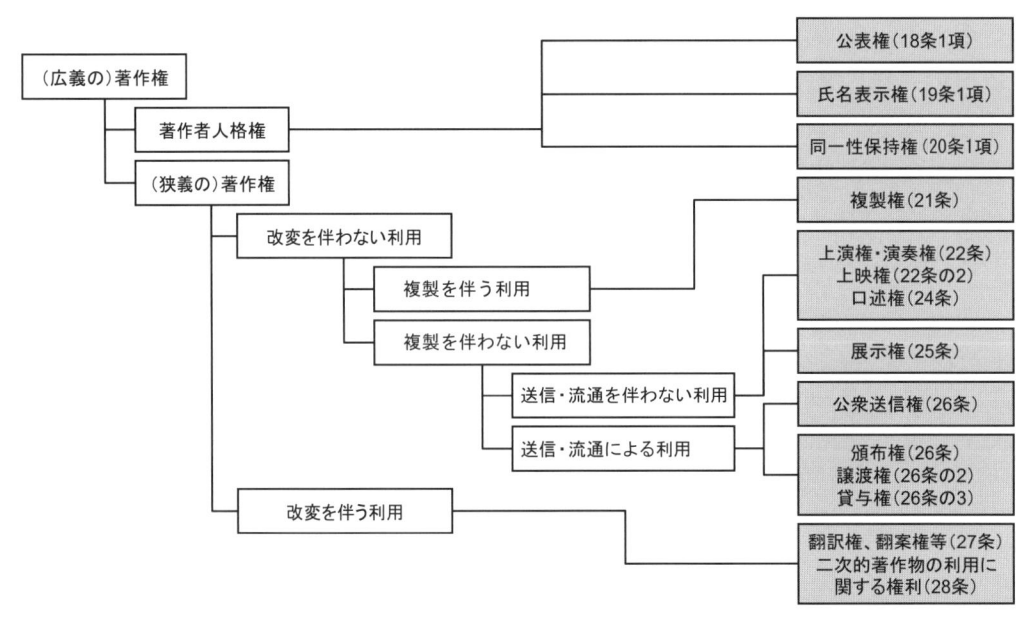

図3　著作権の内容

3.2 著作者人格権

①一身専属性（59条）

著作者の人格に由来する著作者人格権は、著作権と異なり譲渡することができず、また相続の対象ともならない（ただし、一定範囲の遺族は、著作者人格権を侵害する行為を差し止めたり、名誉回復等の処置を求めたりすることができる。116条）。他方、保護期間の定めはなく、著作者の死後であっても著作者が存しているとしたならばその著作者人格権の侵害となるべき行為をしてはならないとされている（60条）。

②公表権（18条）

著作者は、その著作物を公表するか否か、公表するとすればいつ、どのように公表するかについて決定する権利を有する。この著作者人格権を「公表権」という。

博物館において、未公表の書簡などを展示する際には、たとえ館の所有物であっても、著作者（著作者が死去している場合には、遺族）の許諾を得て公表すべきである。

③氏名表示権（19条）

著作者は、著作物の原作品に、または著作物の公衆への提供もしくは提示に際し、著作者名を表示するか否か、どのような表示をおこなうかについて決定することができる。この著作者人格権を「氏名表示権」という。

なお、19条2項は、著作物の利用に当たっては、著作者の別段の意思表示がない限り、その著作物につき既に著作者が表示しているところに従って著作者名を表示すれば足りる旨規定している。したがって、例えば博物館においてブックレットを制作するような場合、既になされている著作者の表示を省略したり、変更したり（ペンネームで表示されていたものを本名に変更するなど）しない限りは、氏名表示権の問題が生じる余地は少ない。

また、著作権の許諾（例えば複製の許諾）を得る際に、契約のなかで著作者の表示の方法について定められることも多く、このような場合には当該契約に従って表示をおこなわなければならない。

④同一性保持権（20条）

著作者は、その著作物およびその題号の同一性を保持する権利を有し、その意に反してこれらの変更、切除その他の改変を受けないものとされている。この著作者人格権を「同一性保持権」という。

例えば、絵画や写真をトリミングしたり文字などを重ねたりするような行為や文章を加除修正する行為は同一性保持権の問題が生じることとなるので、あらかじめゲラなどを送付するなどして著作者の承諾を得ておこなわなければならない。著作者の意が尊重されるので、同じような改変であっても、ある著作者は承諾し、別の著作者は承諾しないということも十分にあり得るところである。

3.3　著作権

①譲渡性など

　著作者に与えられる権利のうち、以下に説明する21条から28条までに規定されている権利が、経済的・財産的な意味を持つ「著作権」（狭義の著作権）である（17条1項）。著作権法は、21条ないし28条において著作物の利用の態様ごとに各種の権利（支分権という）を規定しており、著作権はこれらの支分権の「束」であるといえる。

　著作者人格権と異なり、著作権は譲渡もできるし（61条1項）、許諾（ライセンス）することもできる。また、著作者の死後50年（法人が著作者の場合などは公表後50年。映画の著作物については公表後70年）という保護期間も設けられており、保護期間満了後はいわゆる「パブリックドメイン」となり、著作者人格権を侵害しない限り自由に利用できる。

　以下では、各支分権について説明する。

②複製権（21条）

　著作権者は、著作物を複製する権利を持つ（21条：複製権）。ここで「複製」とは、「印刷、写真、複写、録音、録画その他の方法により有形的に再製すること」とされる（2条1項15号）。「有形的に」再製すると規定されており、例えば印刷物や電子媒体（Webサーバも含まれる）などの有体物に著作物を記録して再製することが複製であり、著作物たる小説を朗読するなど、有体物として残らない態様で著作物を再製することは複製ではない。

　複製権は著作権のなかでも最も基本的な権利であり、博物館においても、ブックレットやポスターなどの印刷物、音声ガイドなどの録音物、ホームページサーバーの電子媒体などとして著作物が複製されることが想定される。著作物の複製は、著作権者の許諾がある場合に、その範囲内でのみおこなうことができる。したがって、例えば、著作権保護期間の満了していない写真について、著作権者の許諾なくブックレットに掲載することはできないし、ブックレットに掲載することについての許諾があったとしても、それをホームページで公開したり、その写真を絵葉書として複製することは許諾の範囲内とはいえず、許されないので注意が必要である。

　著作権者からの許諾を受ける際には、許諾の範囲について明確にしておくことが、後のトラブルの防止のためにも重要である。

③上演権および演奏権（22条）、上映権（22条の2）、口述権（24条）

　著作権者は、著作物を上演し、演奏し、上映しまたは口述する権利を持つ（22条：上演権および演奏権、22条の2：上映権、24条：口述権）。ここで「上演」および「演奏」とは、著作物を演じることをいい、「上映」とは、著作物を映写幕その他の物に映写することをいい、「口述」とは朗読その他の方法により著作物を口頭で伝達することをいう。

　例えば、音楽を歌唱することは演奏に、動画や静止画を映写することは上映に、小説や絵本の読み聞かせをおこなうことは口述に、それぞれ該当する。複製が著作物を有形的に

再製するものであるのに対し、これら上演等は無形的な著作物の利用態様であるといえる。

上演権、演奏権、上映権および口述権は、上演等が公衆（特定多数または不特定少数）に対しておこなわれる場合に及ぶ。

博物館内において、CDに録音された音楽を流す行為や、DVDに記録された映像を映写する行為、写真等のスライドショーなどを映写する行為は、それぞれ演奏または上映に該当する。たとえ個別のブースで、ひとりひとりが端末を操作して音声や映像を視聴する場合であってもこれらに該当する。

④公衆送信権等（23条）

著作権者は、著作物を公衆に送信する権利を持つ（23条1項：公衆送信権）。ここで「公衆送信」とは、公衆によって直接受信されることを目的として無線通信または有線電気通信の送信をおこなうことをいい、有線・無線放送や、インターネットを通じた配信（自動公衆送信）等がこれに当たる。なお、我が国の著作権法においては、実際にホームページが閲覧されていなくても、閲覧可能な状態におくこと自体、送信可能化として公衆送信に含まれるとされている（23条1項）。

公衆送信は、上演等と同様、無形的な著作物の利用態様ではあるが、電波等によって遠隔地において著作物が利用される態様であるともいえる。従来、著作物の利用態様としては複製が主要な地位を占めてきたが、近時インターネットの発達に伴い、公衆送信の占める役割も重要となっている。

なお、23条2項は、公衆送信される著作物を受信装置を用いて公に伝達する権利について規定しているが、これは例えばパブリックビューイングのように、公衆送信された著作物をそのまま伝達する態様を想定しており、一度DVD等に記録した上で、これを再生するような場合は、上記上映権の問題となる。

博物館においても、ホームページ上に動画や写真等を掲載する場合など、公衆送信権が問題となるケースは多いと思われる。また、博物館内に設置されたテレビ等で放送番組を流すようなケースでは、公に伝達する権利についても注意を要する。

⑤展示権（25条）

著作権者は、美術の著作物および未発行の写真の著作物の原作品を展示する権利を持つ（25条：展示権）。原作品を展示する行為についての権利であり、美術の著作物等の複製物（例えばポスター等）を展示する場合には及ばないし、既に発行された写真の著作物を展示する場合にも及ばない。

なお、博物館で展示するために美術の著作物の原作品を所有者から借り受けるような場合には、例外的な場合を除き展示権が制限される場合に該当する（後述3.4.9）。

⑥頒布権（26条）、譲渡権（26条の2）および貸与権（26条の3）

著作権者は、著作物の原作品や複製物を譲渡したり貸与したりする権利を持つ（26条：頒布権、26条の2：譲渡権、26条の3：貸与権）。

ここで「頒布」とは、有償・無償を問わず、複製物を公衆に譲渡しまたは貸与することをいう。頒布権は映画の著作物を頒布する場合に及び、映画以外の著作物については譲渡権および貸与権が及ぶ。映画の著作物とそれ以外の著作物とで異なる支分権が規定されているのは、歴史的経緯によるものであり、劇場から劇場へと転々流通するという特殊な流通形態を採っていた劇場用映画のフィルムを念頭に置いたものである。

　譲渡権は、著作物の原作品やその複製物を譲渡する行為に及ぶが、著作権者や譲渡の許諾を受けた者により、一度適法に譲渡された場合などは譲渡権が及ばないものとされている（26条の2第2項。権利消尽と呼ばれる）。すなわち、譲渡権が問題となるのは著作物の原作品や複製物が盗難されるなど著作権者の意に反して流通してしまった場合や、違法複製物が譲渡されるような場合である。

　例えば、絵葉書やガイドブック、DVDなどとして販売するために複製の許諾を得たような場合には、当然に複製された絵葉書やガイドブック、DVDなどを譲渡することについての許諾もなされていると考えられるから、通常、譲渡権や頒布権のみが問題となるケースは少ない。

　貸与権については権利消尽の対象とはなっておらず、したがって一度適法に譲渡された複製物を貸与する場合についても貸与権は及ぶことになる。レンタルDVDやレンタル漫画などについて、貸与されるDVDや漫画の複製物は適法に譲渡されたものではあるが、それをレンタルする場合には、改めて貸与権が及ぶのである。

⑦翻訳権、翻案権等（27条）、二次的著作物の利用に関する原著作者の権利（28条）

　これまで説明した各支分権は著作物をそのまま利用する場合に問題となるものであった。これに対し、著作権法27条および28条は、著作権者が、ある著作物をもとにして二次的著作物（二次的著作物については前述2.1.3を参照。）を創作する権利（27条）および創作された二次的著作物を利用する権利（28条）を持つことを定める。

　原著作物の著作者は二次的著作物の利用に関し、二次的著作物の著作者と「同一の種類の権利」（すなわち、「同一の権利」とされていない）を持つと規定されている。

　なお、原著作者が28条の権利を持つ結果、二次的著作物には二次的著作物の著作者の権利と、原著作者が28条を通じて有する権利が併存することとなる。例えば、彫刻を撮影した写真をブックレットなどに掲載して利用する場合には、写真の著作権の許諾とともに、彫刻の著作権の許諾を得なければならない。

3.4　著作権の制限

3.4.1　著作権の制限規定の存在

　著作権法は、著作物の公正な利用を図る観点（公益的な観点や他の権利との調整の観点など）から、著作権を制限する規定を設けている。本節では、代表的な権利の制限や博物館の運営上大切な規定について説明する。

3.4.2　私的使用のための複製（30条）

私的使用を目的とする複製については、原則として、自由におこなうことができる。借りてきたCDやDVDを自分が楽しむために録音録画したりすることが許されるのは、この規定が根拠となっている。

「私的使用」とは、「個人的に又は家庭内その他これに準ずる限られた範囲内において使用すること」をいう。したがって、家族同然の親しい友人グループ（人数的には家族に準ずるとされている以上、10人程度）で使用する場合までが認められるにすぎない。

私的使用目的の複製に限られるので、博物館内を含め社内で使用する目的の場合などは、たとえ数人の会議で用いる目的であっても、「私的使用」とは認められないことになる。

また、「その使用する者が複製することができる。」と定められているので、実際の複製作業を家族や親しい友人に頼むことは許されるが、コピー業者などの第三者に依頼して複製することは許されない。

複製の対象や方法には限定がない。雑誌・書籍などでも、音楽・映像などでも私的複製が許される。また、電子データとして複製することも許される。

近年、文献などをスキャニングしてPDFファイルなどで保存することがおこなわれるようになってきた。これも、私的使用の目的の範囲で自らおこなうことが許されるが、仕事で使用する場合は許されないし、業者に依頼しておこなうことも許されない。

3.4.3　付随対象著作物の利用（30条の2）

写真の撮影、録音または録画に際し、対象物に付随して他の著作物が撮影されてしまう場合、その写真の創作や撮影された写真の利用に伴って複製などをすることができる。

例えば、来館者の写真を撮影する際に、来館者の着ている服に漫画のキャラクターの絵が描かれていれば、その絵も撮影されてしまうし、その写真を会報などに掲載すれば、その絵も複製されてしまう。このような「写りこみ」については、著作権者の利益を不当に害しない限り、付随して利用することが許される。

この規定により認められるのは、撮影対象から分離することが困難であるために付随して撮影等される場合であり、ことさらに美術作品の前で記念撮影することまでは許されていない。また、写りこんだ著作物が写真等の全体のなかで軽微な構成部分になる場合に限られる。

3.4.4.　検討の過程における利用（30条の3）

著作権者の許諾を得て著作物を利用しようとする者は、その検討の過程において必要と認められる限度において、著作物を利用することができる。

例えば、会報に著作物の掲載を予定している際に、企画会議やゲラなどに著作物の複製をおこなうことがある。掲載が決定した場合には許諾を求めることになるが、それまでの段階での複製などの利用をおこなうことについてまでは、著作権者の許諾を得なくともよいのである。

3.4.5. 図書館等における複製（31条）

政令で定められている図書館等では、利用者の求めに応じて、その調査研究用に、公表された著作物の一部分の複製物を一人につき一部提供することができる。また、図書館資料の保存のため必要がある場合に複製することが許されている。

公共図書館での複写サービスは、この規定を根拠としておこなわれているものである。この複製は、調査研究用であれば私的使用目的であることは必要ではない。

3.4.6 引用（32条）

公正な慣行に合致し、かつ、報道、批評、研究その他の引用の目的上正当な範囲内であれば、公表された著作物を引用して利用することができる。批評の対象として、あるいは、自説の裏付けとして、自己の著作物のなかに他人の著作物の一部を用いる場合などがこれに当たる。

どのような場合に引用として許されるかは、実際の引用の態様によって判断されることになるが、①引用して利用している部分が本文と明瞭に区別されていること（明瞭区別性）と、および、②自らが著作する本文が主で、そこに引用して用いる他人の著作物が従という関係（主従の関係、附従性）の二つの要件を共に充たすことが必要である。

実際には、引用する部分を「」等でくくったり、段落を下げたり、枠で囲んだりして、明瞭区別性の要件を充たすことになる。また、主従の関係については判断が微妙な場合もあるが、長々と文章を引用したり、自分で書く代わりに他人の文章を用いてその一部を代替させるような場合、絵画などであればグラビア印刷で大きく複製して画集と同様の観賞性が認められるような場合などは、適法な引用とはいえない。他人が著作した一覧表や解説図・イラストなども、誰が作成しても同じにならざるを得ないような著作物性が認められないものを除き、単に自ら作成する代わりに転載することは引用として許されない。参考資料・添付資料として本文とは別に転載する場合も、本文との直接の主従関係が認められない限り、引用とは認められないと判断される。

引用として許されるためには、報道、批評、研究等の目的が必要である。例えば、随想のなかに季節感を出すために俳句や絵画・イラストなどを挿入したりすることは、引用として許されることにはならない。

また、引用に当たっては、原則としてそのまま正確に引用しなければならない。要約して引用することが許されるかについては議論が分かれているが、少なくとも趣旨が正確に記載されている必要がある。引用した文中に「……(中略)……。」等と記述されているのは、そのような意味からの配慮である。

なお、引用する場合、合理的な方法で出典を明示しなければならない（48条）。原則として引用した部分の近くに出典を記載すべきであるが、適宜番号を付してまとめて出典を記載することも合理的な方法として許される場合がある。ただし、単に参考文献などとして出典を記載するだけでは、どの引用文がどの参考文献から引用されたか明らかではない

ので、正しい出典の明示とは認められない。出典としてどのような事柄を明示すべきかについて法は定めていないが、原典を容易に確認できる程度には明確にすべきである。論文などであれば、少なくとも、著作者名とその掲載された書籍名（雑誌であれば、その号数なども）は不可欠であろう。

3.4.7　学校その他の教育機関における複製等（35条）

学校その他の教育機関（営利を目的として設置されているものを除く）において教育を担任する者および授業を受ける者は、その授業の過程において使用する目的で、必要と認められる限度において、公表された著作物を複製することができる。

教師が授業に用いるためのプリントに他人の著作物を複製したり、生徒が「調べ学習」の一環として検索したHPのプリントアウトをしたりすることが許される。

非営利目的で設置された社会教育施設である博物館がおこなうワークショップ等での複製が、この規定をここに定める非営利のその他の教育機関に該当するかは明確ではない。年間プログラムをもって組織的・継続的教育機能を営んでいる場合には、その授業はこれに該当すると考えられるが、単発的なワークショップは含まれないと考えるべきであろう。

なお、民間企業が運営する博物館は、入場料などを徴収していなくとも、その企業の広報宣伝活動の一環として営利目的で設置されているものと解される点に注意されたい。

3.4.8　営利を目的としない上演等（38条）

営利を目的とせず、かつ、聴衆または観衆から料金を受けない場合には、公表された著作物を、公に上演し、演奏し、上映し、または口述することができる（38条1項）。

前述3.3の③のとおり、演奏には、レコード等の音楽を流すことも含まれる。朗読のほか、絵本などの読み聞かせも口述に該当する。

営利を目的としないことが必要である。仮に無料で開催していても、企業の広報宣伝活動としておこなわれていれば、営利目的と判断される。入場料を徴収している博物館等で来館者のためにBGMとして音楽を流すことも、来館者へのサービスであり営利目的の演奏に該当する。また、上演などの対価として徴収する限り、収益を見込まず、上演などの実費だけを徴収している場合であっても、料金を受けていることになる。実演家などに対して報酬が支払われる場合にも、本条は適用されない。要するに、本条は、関係者が誰も利益を得ない無料の上演などに限り、著作権を制限する規定である。

映画以外の公表された著作物は、非営利で、かつ、無料であれば、その複製物を貸与することができる（38条5項）。

公立図書館の館外貸し出しは、この規定に基づいておこなわれている。博物館などにおいても、この規定に基づいて、無料であれば図書その他の館内資料を貸し出すことは可能である。

3.4.9　美術の著作物等の原作品の所有者による展示（45条）

美術の著作物もしくは写真の著作物の原作品の所有者は、これらの著作物をその原作品

により公に展示することができる。その所有者から同意を得た者も同様に展示することができる。ただし、同条2項の規定により、街路、公園その他一般公衆に開放されている屋外の場所や建造物の外壁その他一般公衆の見やすい屋外の場所に恒常的に設置することはできない。

　この規定は、美術作品等の所有者の権利と著作者の権利とを調整しているものであるが、所有者自身や所有者から展示のために借り受けている者が展示をする場合には、広くこの規定が適用されるので、展示権が問題となることは少ないと思われる。

　彫刻などを屋外モニュメントとして設置する場合には注意を要する。有料の遊園地であっても、入場料さえ払えば誰でも入れて写真撮影なども制限されていないところは、一般公衆に開放されている屋外の場所に該当する。このような所に恒常的に設置する場合には、著作権者の許諾が必要である。

3.4.10　公開の美術の著作物等の利用（46条）

　前条の街路、公園等に著作権者の承諾を得て設置された美術の著作物は、大幅に著作権が制限され、彫刻を増製する場合や専ら美術の著作物の複製物の販売を目的として複製し、またはその複製物を販売する場合を除いて自由に利用することができる。街路や公園に彫刻などを設置するのは、その前で記念撮影をしたり、そのような写真が雑誌などに掲載されたりして利用されることを想定しているものと考えられるからである。

　博物館でいえば、美術の写真集に掲載したり、絵はがきなどのミュージアムグッズに用いる場合には著作権者の許諾が必要となるが、例えば、雑誌などの表紙に掲載することなどは自由におこなえる。

　なお、建築物も著作物たりうるが、建築の著作物は、建築により複製する場合を除き、自由に利用することができる。したがって、建築物の模型などを製作することについては建築家などの著作権者の許諾を要しない。

3.4.11　美術の著作物等の展示に伴う複製（47条）

　美術の著作物または写真の著作物の原作品を公に展示する者は、観覧者のためにこれらの著作物の解説または紹介をすることを目的とする小冊子にこれらの著作物を掲載することができる。

　美術館ではない博物館でも、収蔵品のなかには美術や写真の著作物が多く存する。入館者のための解説冊子や企画展の解説冊子を作成する際には、それらの著作物も掲載される（複製がおこなわれる）ことになるが、解説または紹介をすることを目的とする小冊子であれば著作権者の許諾を要しないのである。ここにいう小冊子とは、画集のような鑑賞目的のものではなく、作品の解説紹介が主体となっているものや展示作品の資料的要素が多いものをいう。また、観覧者のためのものであるから、館外で市販したり、会員に郵送したりするものは含まれない。

3.5 著作権の存続期間

著作権の存続期間は、原則として著作者の死後 50 年を経過するまでである（51 条）。実際には暦年計算といって、死亡した日の翌年 1 月 1 日から計算をするので、50 年後の 12 月 31 日に存続期間が満了する。また、存続期間については、法人が著作者の場合や無名または変名の著作物の場合は公表後 50 年、映画の著作物については公表後 70 年とされている。

存続期間については、アメリカや EU 諸国では著作者の死後 70 年を原則的な存続期間としている。日本においても同様に延長すべきとの議論もあるが、反対論も強く法改正はおこなわれていない。そこで、日本においてはアメリカや EU 諸国の著作者の作品も死後 50 年しか保護されない一方、アメリカや EU 諸国も日本人の著作者の作品を他と区別して死後 50 年しか保護しない扱いとなっている[3]。

3.6 共同著作物および共有著作権の扱い

複数の著作者によって一つの著作物が創られることがある。これを共同著作物という。なお、歌詞と楽曲、小説と挿絵などは、それぞれを独立して利用することも可能なので、共同著作物とはならない[4]。共同著作物の共同著作者は、全員の合意によらなければ著作者人格権を行使できない（ただし、信義に反して合意を妨げてはならない）。

また、共同著作者は著作権も共有する。共有の関係は著作権が相続などにより複数の者に移転した場合にも生じる。このように著作権が共有となっている場合、他の共有者の同意を得なければ共有持分を譲渡できないし、共有者全員の合意によらなければ共有著作権を行使できない（ただし、正当な理由なく同意を拒んだりはできない）。

そこで、このような著作物について利用の許諾を得る際には、特に代表が定められている場合を除き、共同著作者や共有者全員から許諾を得なければならないことに注意を要する。

3.7 著作権に関する契約

著作権の使用許諾契約においては、使用できる範囲や期間について、問題となる場合が少なくないので、明確に定めて、それを意識することが大切である。例えば、広報用のポスターに使用する許諾を得ただけのものを無断で入場券やホームページに掲載したり、イベントのために作成してもらったキャラクターを、博物館のシンボルキャラクターとして使い続けたりしてはならない。

著作権に関する契約は、口頭によってなされ契約書が作成されないことが多い。しかしながら、法律の世界では、著作権の譲渡や使用許諾を受けた者が、その合意を証明しなければならない。それ故、契約書などの書面を作成して合意の事実を証明できるように努める必要がある。

4. 個人情報・プライバシーとパブリシティ権

4.1　個人情報・プライバシーとは

　近年、個人情報の保護に対する要求が高まってきている。そして、2003（平成15）年には「個人情報の保護に関する法律」（以下「個人情報保護法」という）が制定され、個人情報を取扱う事業者の遵守すべきことなどが定められた。

　「個人情報」とは、個人情報保護法2条1項において、「生存する個人に関する情報であって、当該情報に含まれる氏名、生年月日その他の記述等により特定の個人を識別することができるもの（他の情報と容易に照合することができ、それにより特定の個人を識別することができることとなるものを含む。）をいう。」と定義されている。

4.2　個人情報の取得、取扱いに当たっての義務

　個人情報保護法においては、個人情報を記録したデータベースをその事業に用いている者（以下「個人情報取扱事業者」という）に対して、個人情報の取得および管理についてさまざまな義務を課している[5]。

　まず、個人情報取扱事業者は、個人情報の取扱いに当たって、その利用目的をできる限り特定しなければならないとされている。この利用目的は、個人情報の取得に当たって、本人に通知しまたは公表しなければならない。

　そして、取得された個人情報は、利用目的を達成するために必要な範囲でのみ取扱うことができ、また法令に基づく場合などの例外的な場合を除いて、本人の同意なく第三者に提供してはならない。また、本人との関係では、保有する個人情報について、本人から開示や内容の訂正等の請求があった場合には、原則として開示や訂正等をおこなう義務がある。

4.3　博物館における個人情報の取扱い

　博物館において個人情報を取扱うケースとしては、来館者（ワークショップ等への参加者も含まれる）、所蔵者または賛助会員等の各種名簿の作成および管理をおこなう場合や、近年においてはメーリングリスト等の購読者に関する名簿の作成および管理をおこなう場合なども想定される。

　これらの名簿の作成に当たり個人情報を取得する際には、「展覧会の案内の郵送」、「ワークショップの案内のメール送付」など、個人情報の利用目的をできる限り特定し、これを

利用規約や申込用ウェブページ等において明示すべきである。また、取得した個人情報の利用に当たっても、取得された個人情報の利用目的を周知し、誤って利用目的の範囲を超えて利用しないよう十分に注意すべきである。

4.4　博物館におけるプライバシーの取扱い

　個人情報と似た言葉として「プライバシー」がある。プライバシーについては、法に直接の定めはないが、一定の場合にプライバシーが法的な保護に値することは裁判所においても認められているところであり、また近年その保護の要請も高まっており、個人情報と同様にその取扱いには注意を要する。

　プライバシーにかかる権利は、法的には「私生活上の事柄をみだりに公開されない権利」や「自己に関する情報をコントロールする権利」などと説明されている。その内容・外延は必ずしも明確ではなく、上述の「個人情報」と重複する部分も多いが、データベース化されていない情報など、個人情報保護法が適用されない情報であってもプライバシーの保護に注意をしなければならない。例えば、いつ来館し、どんなワークショップに参加し、何を調べていたか、というのもプライバシーに含まれ得る。

　博物館においてプライバシーに注意すべき典型的な場合としては、ホームページや案内冊子用に館内の様子の写真を掲載したり、未公表の手紙を展示したりする場合などが考えられる。不必要に個人に関する情報や写真等を表示することは避けるべきであり、例えば、写真であれば、使用目的などを告げた上で、撮影をおこなうなどの配慮が必要である。

4.5　パブリシティ権

　プライバシーの権利とは別にパブリシティ権という権利も認められている。これは主に芸能人やスポーツ選手などのような有名人の氏名、肖像等の利用について問題となる権利である。有名人の肖像等は、商品の販売等を促進する顧客吸引力を有する場合があり、そのような顧客吸引力を排他的に利用する権利がパブリシティ権である。①ブロマイドのように肖像等それ自体を独立して鑑賞の対象となる商品等として使用すること、②商品等の差別化を図る目的で肖像等を商品等に付すこと（商品化）、③肖像等を商品等の広告として使用すること（宣伝・広告利用）など、専ら肖像等の有する顧客吸引力の利用を目的とするといえる場合にはパブリシティ権の許諾を受ける必要がある。

　博物館の宣伝広告物に有名人の来館時の写真等を使用する場合には十分に注意しなければならないが、博物館の資料の一つとして肖像写真入りのポスターを展示したり、社会的・歴史的な事実を示す過程で肖像写真を用いることは、専ら顧客吸引力の利用を目的とするものとはいえないので許されると考えられる。

　　　　　　　　　　　　　　　　　　　　　　　　　　　　（伊藤　真・平井佑希）

〔注〕
1 プログラムの著作物については、公表の名義を問わず、法人等が著作者となる（15条2項）。
2 著作権法上は、複製権などの経済的な権利を総称して「著作権」といい、著作者人格権と区別して用いられているが、「著作権」という用語は、一般には著作者に付与される著作者人格権と著作権を包含した権利をさすものとしても使用されているため、著作者人格権と著作権を併せて「広義の著作権」といい、複製権などの経済的権利を「狭義の著作権」または「著作財産権」などと呼ぶことがある。本書でも必要に応じてこのような用語を用いる場合がある。
3 なお、戦時加算という特別な制度があり、第二次世界大戦中に存在していた連合国国民の著作権について、戦争期間（10年強）分、著作権の保護期間を延長する制度がある。
4 これらは結合著作物と呼ばれる。
5 ただし、データベースに登録された個人が5,000名を超えない事業者は政令により適用除外とされている。しかしながら、その場合であっても、博物館という公的な存在の社会的責務として、できるだけ同様の取扱いをすべきである。

〔参考文献〕
加戸守行（2006）『著作権法逐条講義　五訂新版』著作権情報センター
半田正夫・松田政行編（2009）『著作権法コンメンタール』勁草書房
島並良・上野達弘・横山久芳（2009）『著作権法入門』有斐閣
全国美術館会議編（2011）『現場で使える美術著作権ガイド』ブリュッケ

ミニ演習問題

博物館において、特別展としてさまざまなポスターを集めて展示する「ポスター展」を開催するとする。この場合、①ポスターやその原画を展示したり、②代表的な展示品を紹介する特設ホームページを開設したり、③広報誌に展示会の会場の様子を撮影した写真を掲載したりする場合に、①誰の、②どのような権利（著作権であれば、どの支分権か）について注意すべきか、③関係する権利の制限規定はあるか、考えよう。

上記の例以外にも、開催する展示会を具体的にイメージして、さまざまなシチュエーションにおいて問題となる権利関係について検討してみよう。

第12章

つながる・つなげる博物館：
地域メディアとの連携

1. 学校との連携でのメディアの役割

1.1　学校は博物館の情報化を歓迎する

　私たちが住んでいる生活や社会は、インターネットや携帯電話に代表されるように、情報化が著しく進展している。情報技術の発展は、普段の暮らしだけでなく、学校教育や生涯学習の場においても浸透し、学びの場に欠かせない環境やツールとなっている。このような中で、社会教育の場である博物館も、そこにある資料を情報化するだけでなく、高度な情報技術、機器、環境、資料の蒐集、保管、展示、解説、研究、教育など、さまざまな博物館活動に導入していくべきであろう。一方、学校教育の現場でも、電子黒板、高速回線、プロジェクター、タブレットPCなどなど、情報化は著しく進展しており、単に学内での学習だけに限らず、外部と情報ネットワークを構築することで、例えば教室に居ながらにして博物館との情報交流や学習活用も可能になっている。学校の授業設計の1時間1時間が極めて貴重になっている今こそ、学校は博物館が情報化することを歓迎している。博物館の情報化が、劇的に学校との連携関係を変えようとしているのである。

1.2　実物教育と情報教育

　これまで、博物館でおこなわれる教育活動は、「本物（実物）があり、本物に見て触れ、学ぶことができる」実物教育が中心であり、この教育を最も得意とする分野にしてきた。また学校教育に対しても、制度や評価の伴わない、自由度が豊富な学習として高い教育効果が得られると自負してきたことだろう。ところが、多人数を相手にする学校教育に対して、実物教育には次のような限界点が顕になった。①資料の破損、消耗、死亡、②学校から博物館や自然（フィールド）が遠い、③全員に同質、同量の体験が不可能。つまり、実物教育では「教育の平等性」が担保できないという課題が見えてきたのである。一方で情報教育は、①繰り返し、②何度も、③瞬時に、④同時に、⑤多人数に対応できる、など、まさに実物教育の限界点を補完できる利点を持ち合わせていることがわかる。とはいっても、情報教育とはただ単に情報機器の操作を会得する教育ではなく、①情報活用の実践力（収集、判断、処理、創造、発信、伝達）や、②情報の科学的理解（情報の特性や活用評価）、③情報社会へ参画する態度（情報の役割やモラル）などを学ぶ目標もある。このため、博物館がおこなう情報教育はこれらの学びの要素も十分に包含し、実物教育と情報教育の両者の利点を組み合わせた連携的な学習活動がなされることが望ましいと思われる。

1.3 情報教育を推進する制度の追い風

学校と博物館が連携した教育や学習活動を推進するために、昨今、さまざまな制度や施策の追い風が吹いている。博物館や学校は、それらの情報を十分に把握しておくことが重要である。そのいくつかを紹介しよう。

1.3.1 学社融合

博物館と学校が連携する「博学連携」をさらに進めるために、1996（平成8）年の生涯学習審議会の答申で、学社融合という新たな概念や言葉が提唱された。学社融合とは、「学校教育と社会教育がそれぞれの役割分担を前提とした上で、そこから一歩進んで、学習の場や活動などの両者の要素を部分的に重ね合わせながら、一体となって子どもたちの教育に取り組んでいこうとする考え方であり、従来の『学社連携（博学連携）』の最も進んだ形態と見ることができる」としている。まさに学校教育と博物館教育は、同じ目的をもつ者がお互いに連絡をとり、協力し合って物事をおこなうことからさらに、とけて二つになる融合教育がおこなわれることが期待されている。

1.3.2 学校教育の情報化

一般に1995（平成7）年はインターネット元年といわれるが、これに合わせるように、コンピュータを操作しさまざまな作業が可能になるソフトウェアーも開発されてきた。またこれらの文化や技術を、個人や業務で活用するだけでなく、これからの情報化時代を生き抜くための技術や高い意識や知識を身につけるため、学校教育でも情報教育がスタートした。

学校の教育現場では、2002（平成14）年を目標にインターネット環境を普及させ、同年から新教育課程に「情報教育」を大きな柱にすえ教育的な目標にも定めた。また、インフラ的には、2005（平成17）年を目標に各教室に2台のコンピュータと高速回線の敷設、さらにそれらの環境を活用した教育がおこなわれることが目指された。学校教育の現場では、情報教育が2005年を目標に動き出したが、この間に社会教育機関側も情報化を進め、博物館側にある学術資料のデジタル化や、ウェブサイトの教材化をすることで、学校教育の現場では教育の対象として、博物館の資料や人ともつながり交流をすることが可能になった。

1.3.3 POST2005 IT戦略の基本的な考え方

文部科学省では前述のように、情報教育において2005年を一つの目標ポイントにおいていたが、諸般の事情によってそこは達成ポイントにはならなかった。そこで、POST2005として、IT戦略の基本的な考え方の新戦略を発表した。そこでは、単に学校教育を一層に情報化するだけでなく、人と人の交流を通じた生涯学習の増進に向けた基盤形成、ITの活用による社会教育施設の活性化も掲げられた。それ以外にも、高度情報社会に向けた最先端の「知」の探求と大学づくり、心身ともに豊かな活力のある社会の実現に向けた文化芸術の創造と発信・交流やスポーツの振興、情報化の影の部分への対応など、

広範囲にわたる戦略となり、博物館関係にとっても大きな意味、意義のある情報化の推進が取り組まれることになった。

1.3.4　総合的な学習の時間

2002（平成 14）年から、小中学校の新たな学習の取組みとして「総合的な学習の時間」が正式に導入された。本学習では、事前に決められた指導要領がなく、担当教員の自由な裁量で授業が組み立てられ、運営ができるという特色があった。子どもたちの「生きていく力を育む」授業として、ゆとり教育の中で各教員の能力や特色が活かせると注目された。しかし一方で、授業を組み立て運営するための目標や目安の設定がないため、教員にとっては手探り状態でのスタートとなった。その中で、授業作りのヒントとして「国際理解・情報・環境・福祉・健康」などのテーマが例示された。これらには、社会教育機関としての博物館が関われる内容が十分に包含されており、特に前述の「学校教育と社会教育の情報化」の推進は、この総合的な学習の時間にとって最適な内容となった。また、本授業では、教員免許を持たない人材がゲストティーチャーとして教壇に立ち講話することができることも利点である。まさに博物館の専門的な知識や経験をもった人材が、この授業の中で講師として活用できる最大のチャンスになったといえよう。

1.3.5　教育基本法改正、新学習指導要領

2006（平成 18）年に新しい教育基本法が公布、施行された。またそれに伴い学習指導要領も改正され、2009（平成 21）年から新学習指導要領が先行的に一部の学校で実施されているが、新しい学習指導要領では、教育基本法の改正等を踏まえ、子どもたちに「生きる力」をはぐくむことを目指し、言語活動、算数・数学や理科教育、道徳教育、体験活動、外国語教育などの充実が図られている。この中で、小学校理科や中学校理科においては、博物館や科学学習センターなどと連携、協力を図りながら、積極的に活用するよう配慮すること、と記された。また、前述の総合的な学習の時間においても、博物館等の社会教育機関や社会教育関係、団体等の各種団体との連携、地域の教材や学習環境の積極的な活用などの工夫をおこなうこと、とも記されている。このように新学習指導要領では、子どもたちの学びのために、地域の博物館の教育機能がおおいに期待されていることがわかる。

1.3.6　博物館法改正

教育基本法の改正の流れを受けて、2008（平成 20）年に博物館法も改正された。この中では、博物館の事業として第3条第1項第9号で新たに、「社会教育における学習の機会を利用して行った学習の成果を活用して行う教育活動その他の活動の機会を提供し、及びその提供を奨励すること」と記している。つまり、博物館はただ単に学術資料を蒐集、保管、展示するだけでなく、より一層、社会教育のための事業を展開すべきだとされており、この一文は今後の博物館の機能、役割のあり方を示すものとして重要だと考える。

またこれまで博物館資料とは、「博物館が収集し、保管し、又は展示する資料」と記されているだけであり、どちらかといえば実物の「一次資料」のほうが博物館資料だと位置

づけられてきた。ところが今回の改正で、博物館法第2条第3項において、博物館資料の解釈に、新たに「電磁的記録（電子的方式、磁気的方式その他人の知覚によっては認識することができない方式で作られた記録をいう）を含む」との記述が加えられた。つまりこれは、電子化されたデジタル資料も博物館資料として加味解釈されたものであり、本改正は、博物館資料のデジタル化とそれの教育への活用を一層に推進するとものと歓迎したい。

1.4 学校教育におけるメディアの活用例

博物館が情報化することは、全国（もしくは世界中）の子どもや学校から、館にアクセスでき、また逆に館から発信することが可能ともいえる。これは、学校教育にとって画期的な変革ともいえる。つまり、子どもたちが教室に居ながら博物館の専門家から、専門的な情報の入手と双方向の交流が可能になることを示している。もはや、博物館の一室がそのまま学校の教室になることでもある。以下に、海の中道海洋生態科学館での活用例をいくつか紹介しよう。

1.4.1 遠隔授業（ネットワーク授業）

テレビ電話回線、インターネット回線などを利用して、双方向で音声と画像を送受信することで、遠隔で博物館から教室の子どもたちに授業を実施できる。当館では、2000（平成12）年頃から積極的に取り組み、現在では国内だけでなく、海外の発展途上国との児童生徒とも交流をしている。学習内容は理科に限らず、国語や算数、社会、総合的な学習の時間など幅広く、教室という日常空間で、専門家と交流できる非日常的な体験を通して、学習の内容へ興味・関心を深めている。

1.4.2 Web教材

一般に博物館などのWebサイトは、営業（開館日時、アクセス、料金）や展示（常設展示、特別展示、イベント等）に関する情報を発信する媒体として活用されがちである。ところが、このサイト上に、学校教育の教材として利用できるコンテンツ（テキスト、写真、動画など）を、教科学習の内容に則して閲覧利用、ダウンロードができる仕組みを整えることも可能である。また、学習に参加した子どもたちや教員が、その館のサイト上に学習に関する意見や成果をアップロードし、双方向での交流をおこなうことも可能になる。Webはただの閲覧する資料から、活用し交流する教材へ発展することができる。

1.4.3 携帯型情報端末

以前であれば、PDA、最近では携帯電話、スマートフォン、タブレットPC、ゲーム端末など、小型で手帳型の簡易に持ち運びできる情報端末を活用して、インターネットや博物館の無線LANなどのイントラネットに接続し、ネットワークにつながったサーバー内の情報を入手しての展示観覧や学習への活用、情報の発信や二次利用なども可能になっている。小型の携帯端末を子どもたちが1台ずつ持つことは、小型のPCをそれぞれが教材のように使い学習活用する近未来の学びを彷彿させ、いつかは学校教育でも博物館教育の

場においても、スタンダードな学びのシーンになるものと推測される。

1.5　学校教育連携への提言

　学校と博物館が上手に教育連携するにはいくつかの提言があげられる。まずは、①博物館が学校教育の仕組み（評価や指導案など）を知り長期連携する。また、②実物教育に頼らず情報教育とも効果的に組み合わせる。また、③学校の教員と博物館の教員が平等の関係で信頼関係を構築することも大切である。情報のネットワークづくりは人のネットワーク作りでもある。ネットワークの向こうには必ず人がいることを忘れてはならない。

（高田浩二）

2. 地域メディアとのコラボ

2.1 地域メディアの種類

　ところで、メディアとは何をさす言葉であろうか。単に「情報媒体」「情報手段」「マスコミ」等と訳すと、紙、文字、写真、音声、映像などを使った表現や記録、情報伝達方法や人相互のコミュニティーまで定義が広がる。となれば、古くは古代壁画に描かれた象形文字から、近年のICTと呼ぶ情報通信機器、それを使う環境や手段まで、すべての情報発信と交流が「メディア」に含まれてしまうだろう。この章で扱う「メディア」の意を、このように広義に解釈してしまうと、あまりにも対象が広がり、本著の「博物館情報・メディア論」の領域から拡大しすぎる恐れがある。また筆者自身の専門性からもやや外れてしまう。さらにそこに「地域メディア」というように「地域」が加わると、その解釈はさらに混沌としてしまう。地域にはたくさんの情報発信源と交流の手段があるからだ。ここで博物館と地域メディアの関係を語るには、ある程度、メディアの対象を絞り込む必要があるだろう。

　そこで私は、この章での「地域メディア」を、「地域のマスコミ」と狭義にとらえることにし、地域のマスコミと博物館がどのような連携、共同体制をとったらいいかを論じてみることにする。なお、ここで扱うマスコミとは、テレビ（有線放送を含む）、ラジオ、新聞、情報誌などをさしている。前者二つは電波やインターネットなどの通信媒体を介した情報網であり、後者の二つは紙や文字などのどちらかといえばアナログな媒体をさす。もちろん、新聞や情報誌もインターネット上でデジタル表現されているが、紙面もしくは画面上の「静止媒体」であることで共通するため、同等のメディア媒体に扱うことにする。

2.2 地域メディアとしてのマスコミ

　私たちが日常的に地域の情報を得たり、自館の情報を地域に発信活用する際の公の媒体は、テレビ、ラジオ、新聞、情報誌などのメディアであろう。それらは毎日あるいは逐次更新がなされ、常に新しい情報に接し入手することが可能な仕組みとなっており、また、博物館側の情報を発信する媒体としての活用も可能である。近年、これらの媒体も、一方通行的な情報発信ではなく、特にテレビなどにおいては、デジタル化により発信側と視聴者側で双方向の交流がより可能になっている。またラジオにおいても、リスナーの参加型番組が多く、単に聞くだけの放送から参加する放送へと発展している。一方、新聞や情報誌は、テレビやラジオのような一過性の情報発信に終わらず、何度も繰り返しアクセスし、保存の利く情報媒体である。なおかつ、旬で地域密着度の高い情報発信にも心がけられて

おり、ローカルな話題提供や、情報の連携共有に最適なメディアといえよう。

マスコミが取り扱う情報は、常にそこに「公にできる」公共的な要素が含まれていることが要求される。「公共の電波や紙面を使って発信する必然性があるのか」「新しさだけでなく、公益性、公平性、正確さが担保されているか」「珍奇さ、楽しさ、娯楽性だけを追求していないか」など、さまざまな検証が求められよう。マスコミが博物館と連携した広報をおこなう際、「館のコマーシャル（有料の広報）の代用にはならない」という不文律がある。マスコミは「館に利用されて取材や広報、後援をする」のではなく、館を公に活用して情報発信し、公の情報機関としての存在意義を常に求めている。マスコミの活用には、常に相手（マスコミ）が博物館の専門性を必要とした理由付けを具備しておくべきであろう。

2.3 地域メディアと博物館の連携例

地域のマスコミとの連携には、展示、教育、広報、調査・研究など、さまざまな博物館活動の各シーンで展開が可能である。それらの事例を紹介したい。

2.3.1 展示

大型の巡回展や特別展をおこなう際、新聞社やテレビ局などのメディアを主催者にし、博物館がその展示会場を提供する、という実践事例が多く見かけられる。これは博物館にとって、展示に関わる設営や運営の費用負担が軽減されるだけでなく、そのマスコミを中心にした開催告知や展示内容の広報などが実施でき、効果的な話題提供と集客力の向上に寄与することができるという利点をもっている。企画や展示が、話題性や公益性の強い内容で、かつ開催場所が公共の場である博物館施設であれば、主催者側であるマスコミのイメージ向上にもなり、双方とも得るものが大きい。一方で、話題性の高い展示であってもマスコミの主催や後援は、単一機関がつくことが大半のため、他社の取材も平等に取り付けるという、広い意味での公共性には欠ける面もある。単一メディアの主催や後援は、広報を一社のメディアに頼らざるを得ないという不安定材料は排除できない。

新規性や話題性の高い展示企画で取材を受けるとき、できるだけ多社のマスコミ取材を受けるには、単一社のメディアの主催や後援を取り付けるのではなく、館が主催者、開催主体となって、広くメディアに情報を公開し取材を受ける体制のほうが、真の意味での広報となる。展示の内容や規模、過去の開催経緯などとあわせて、展示へのマスコミの関わりは十分に検討しておかねばならない。

2.3.2 教育

博物館の教育機能は、館の公益性を示す指標のひとつでもある。博物館は社会教育機関として、「教育活動をすること」は当たり前の事業であるが、展示物（学術研究資料）の収集や保管、展示等の業務が主務とされがちな現状で、教育活動に人材や時間、予算などを配慮することは十分にできていない。このため、博物館が教育活動にメディアを活用す

ることはあまり積極的でなく、そのアイデアもどちらかといえば、教育活動そのものを「取材してもらう」こととしてとらえがちである。これでは、単に「広報」としての活用であって、メディア（マスコミ）の教育利用とはいえない。では、どのような内容がメディアの教育利用かといえば、例えば、博物館の教育プログラムのなかにマスコミの取材活動やメディア機能を盛り込むことを考えればいいだろう。博物館の情報発信を体験する教育プログラムを構築する際、マスコミ側の人材や機材、通信環境などと連携して活用してみるなどもできるのではないだろうか。いずれにしても、マスコミの情報収集や発信の機能を、博物館の教材化に活用することを考えたい。マスコミにとっても、博物館の利用者にマスコミ活用能力の向上や報道事業への理解を深めるというメリットもあると思われる。

2.3.3 広報

多くの博物館では、マスコミを活用した広報以外の情報発信として、有料の広告（ホームページも含む）という媒体を使うことがあるだろう。しかし、広告と広報はまったく異なる性格をもつ情報の発信である。広告は言い換えると「宣伝」である。テレビCMや新聞広告など、制作費や掲載費を広告代理店やマスコミに支払っておこなう情報発信活動である。その両者の大きな違いは、「公益性」という部分であろう。宣伝は集客や増収を目的にされるものであり、マスコミの「広報」に流用すべきではない。このため、マスコミリリース資料のなかには、必ずそこに公益性や公共性のある内容が含まれていなければならない。またリリース資料は、ある面、取材資料でもあり、この資料だけで十分な番組や記事となりうる構成で発信しなければならない。そこに、学術的、専門的な裏づけがあり、取材を受けるだけの理由付けがはっきりしておかねばならないだろう。博物館からリリースされる資料はA4で1枚に収め、またできるだけ文字数は少なく、この資料だけでも原稿が書けるように簡潔に要点をまとめておくといいだろう。またマスコミの担当窓口は、往々にして館の営業的な広報担当者が受け持ちがちであるが、先ほどの学術的な裏づけをもって対応するために、館の専門職（学芸員など）が担当窓口になったほうがいい場合もあるので、十分に配慮したい。

2.3.4 調査・研究

前述の展示活動と同様に、館がおこなっている調査・研究活動に、マスコミ側の後援や支援がつく場合がある。これは、学術的に貴重な調査や研究であったり、その成果が将来の展示にも十分に反映されることが予測される場合、それらの活動に注目し、経過を把握しながら公共的な情報発信へとつなげることを前提に支援がされるものである。館にとってはそれらの調査・研究活動の経過を、マスコミの専門的な映像技術や人材を投入した記録映像、記録資料として保存が可能になるというメリットもある。一方、マスコミにとってもその貴重な活動の状況を、独占的に入手し情報源や将来的な番組や記事として活用できるという利点も得られる。博物館の公益性から鑑みると、調査・研究活動に限られたマスコミだけの支援を受けることは避けたほうがいい場合もあるが、状況を総合的に判断し

ながら、マスコミの効果的な活用も考えていきたい。

2.4 地域メディアとの連携の留意点

2.4.1 専門家として地域の情報源になる

博物館の職員は、マスコミにとってはひとつの分野の専門家である。このため、マスコミといい関係がつくれる存在であることが大切であり、その大事な人とお互いにすぐに連絡がとれあったり、互いに気軽に相談ができる関係が構築されることで一層に両者の密着度を高めることができる。このように、報道の現場と専門職である博物館人の人間同士としての日頃のつきあいが大事である。

2.4.2 ニュースとして取り上げやすい情報発信

どのような情報がニュースとして取り上げやすいのか、取材側が興味をもつ情報の出し方や内容についても常に配慮しておくべきであろう。またテレビニュースの取材、編集、放送に到るまでの流れ、局内での役割分担、決められた時間内にニュースを作り上げて行くプロセスなどを知っておくことは、地域メディアとのつきあいをスムーズにする上で留意しておくべきことである。ニュースをとってくるのはデスクや編集者よりも、記者やカメラマンなどの現場に行く人間が興味をもって自分でみつけて来るほうが取り上げられやすく、その視点からみると、取材結果よりも記事になっていく過程のほうが重要だと思われる。

2.4.3 新聞とテレビの違いを知る

新聞報道とテレビ報道の違いや、新聞報道の特徴について把握しておくことも重要である。新聞に独特なのは10数文字の見出しが重要であり、博物館側は、どのようなプロセスや内部の役割分担を経て新聞記事になっていくのかも知っておきたい。新聞記者は、数文字の原稿やコメントを得るために、一瞬の時間にかけたり逆に何時間も張り込むなど、いわゆる「特ダネ」をとるための苦労もある。また新聞はテレビと違い、途中経過よりも結果としての文字が大事であること、またその文字も一段落20文字以内で、逆三角形構造に原稿を校正し、すぐにでも必要な文字数や行数を調整が効くように仕上げていくことなど、わずか数行の新聞記事に込められた事情もある。このように、新聞とテレビでは、外部に出力する（情報として発信する）時点の作業に大きな違いがあることも把握しておきたい。

2.4.4 マスコミリリースの要点

マスコミ用の資料作りや表現、情報の出し方、タイミング、映像としてどのような画像を提供すればよいかなど、さまざまな視点から配慮すべき点は多い。いかにマスコミと博物館やニュースを出す側が仲良くなり、日常的にいい関係を作っておくかが、地域メディアと博物館の関係がスムーズに発展する重要な鍵であることと留意しておきたい。

（高田浩二）

3. アウトリーチ教材

3.1 アウトリーチ教材

3.1.1 国立民族学博物館「みんぱっく」

　博物館も学校も、今後はさまざまな機関と連携することが求められている。ただ、博学連携は、そもそも目的も方法も異なった学校と博物館という教育施設が一緒に取り組む教育活動である。連携の程度およびその過程を認識し、双方が共通理解しながら実践を積み重ねていくことが大切である。その前提として連携についての正しい理解が不可欠である。連携にはさまざまな定義があるが、学校経営学の理論を踏まえた学校と家庭・地域の関係における定義が参考になる。佐藤（2004）は、連携の機能に関する3段階として、①情報交換・連絡調整機能、②相互補完機能、③協働機能、の三つの機能を挙げている。連携は、複数主体が共通目的を設定し、その実現のために協力して働く機能、「協働」に留意したい。

　アウトリーチ（Outreach）とは、英語で手を伸ばすという意味である。一般には福祉などの分野における地域社会への奉仕活動、公的機関、公共的文化施設などがおこなう、地域への出張サービスの意味で使われることが多い。そこから発展し、博物館教育ではさまざまな理由から博物館に来られない人たちに対して、「モノや情報を集め、ひとつのパッケージとして貸し出し可能な教材」を博物館の「アウトリーチ教材」と呼ぶようになった。

　博物館のアウトリーチ教材では、国立民族学博物館（大阪府吹田市：以下「民博」と称す）

写真1　国立民族学博物館のアウトリーチ教材、「みんぱっく」

写真2　みんぱっくの紹介Webサイト（国立民族学博物館）

の「みんぱっく」が有名である（写真1）。「みんぱっく」のパンフレットには、「みんぱっく（MINPACK）はこどもたちが新しい世界と出会い、ふれあうためのカバンです。世界各国、地域の民族衣装や生活の道具などと、それにまつわる情報や解説がパックされています」と紹介されている。「みんぱっく」は、「ソウルスタイル」「ジャワ文化をまとう」「イスラム教徒アラブ世界のくらし」等、民族学、国際理解教育につながる12個のスーツケースに入ったアウトリーチ教材が用意されている。

3.1.2　ハンズ・オン（参加・体験型展示）

「みんぱっく」は、学校に貸し出されてその衣装や生活道具などのモノを児童生徒が実際に手にとって触って、感じる学習方法である。モノとそのモノが使われている状況に思いを馳せる。想像力を喚起し、異文化や自文化についての共通性と差異性を理解し、異文化に対する寛容の態度を養うことを目標のひとつとして想定され作成されている。これは総合的な学習の時間における「国際理解」の課題とも整合性をもつ視点である（写真3）。

このような、実際に手で触って、視覚だけでなく触覚、聴覚、嗅覚まで刺激してモノに対峙する体験・参加型の展示、学習方法を「ハンズ・オン」という。ティム・コールトン（2000）は、「ハンズ・オン」は必然的に身体的な相互作用を伴うもので、学習目標が明確で、利用者のかかわり方次第で結果に多様性が見られる展示を目指すべきだと提案している。前もって設定された結論をただなぞっているだけのものではなく、学習者が事象の本質あるいは現象の本質を理解するために、個々の選択に基づいて自ら探求しようとする利用行動を助けるものであることが望ましい。

アウトリーチ教材を作成する際には、博物館（作る側）と学校（使う側）が共通の目標を共有しながら常に改善を重ねることが重要であり、ここに連携の必然性が生まれる。

写真3　ハンズ・オン展示コーナー「世界をさわろう（touch the world）：国立民族学博物館」

3.2　アウトリーチ教材開発の授業実践

2007（平成19）年から3年間、奈良県香芝市立香芝西中学校と同市鎌田小学校、そしてマレーシアの教員等が連携して、マレーシアにおける小・中学校の「日本文化理解」の授業を想定したアウトリーチ教材「日本文化紹介」を作成した。その際見本としたのが民

博のアウトリーチ教材である「みんぱっく」であるため、民博や大学等の協力を得ながら進められた。小学生は主に自分たちの生活、身の回りの特徴的なモノを集め、解説ラベルに手描きのイラストも加えた。中学生はちょうどESD（持続発展教育）に取り組んでいるところであったため、日本の気候・風土を表す特徴的なモノを集め、同じく解説ラベルを作成した。解説ラベルは文教大学留学生の協力を得てマレー語の翻訳バージョンも添付した。子どもたちが作成した日本文化紹介のアウトリーチ教材は、マレーシアで実際に複数の学校で「日本文化理解」の授業で実践され、好評であった（写真4）。本実践は、ハンズ・オンの手法を用いて日本の小・中学校とマレーシアの学校が必然性のある連携のもとに取り組んだ事例である。

小学生は、「けん玉」「竹とんぼ」等の遊び道具が、中学生は「てぶくろ」「カイロ」等の冬物のグッズがマレーシアの子どもたちに人気があった。今後は、モノだけでなく、解説ラベルやワークシートの部分をiPad用のマルチタッチブック（iBooksオーサー）で作成することが望まれる。iBooksオーサーは、3Dの画像データが挿入できるため、博物館というモノと情報を扱う際には、有効なメディアである（写真5）。　　　　　（今田晃一）

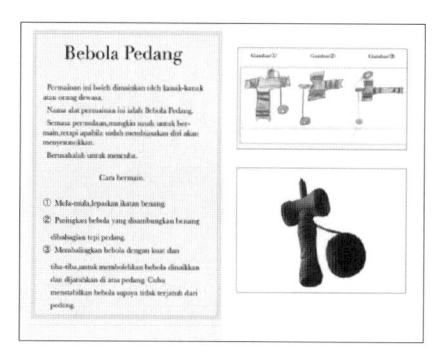

（左）写真4　日本の小学生が作成したハンズ・オン、アウトリーチ教材で学ぶマレーシアの小・中学生
（右）写真5　iBooksオーサー によるアウトリーチ教材「けん玉」の3D画像が挿入された解説書の事例

〔参考文献〕

今田晃一・木村慶太（他）（2008）「ESDに留意した『博物館アウトリーチ教材』の開発―マレーシアでの実践を想定した日本文化紹介の事例―」『教材学研究』19：219-226

ティム・コールトン（2000）『ハンズ・オンとこれからの博物館―インタラクティブ系博物館・科学館に学ぶ理念と経営―』染川香澄・芦谷美奈子（他）訳　東海大学出版会

今田晃一（2010）「学社連携と教育課程」大津尚志他編『教育課程のフロンティア』晃洋書房

木村慶太・山田幸生・今田晃一（他）（2009）「日本文化紹介を目的とした『博物館アウトリーチ教材』の開発と実践―マレーシアにおける小・中学生の評価を中心として―」『教材学研究』20：145-152

今田晃一・手嶋將博（2004）「博物館を利用した国際理解教育の可能性―ハンズ・オン教材を用いた学習プログラムの開発に向けて―」『国際理解教育』10：66-79

佐藤晴雄（2004）『学校を変える地域が変わる―相互参画による学校・家庭・地域連携の進め方』教育出

版

> **ミニ演習問題**
> 1. 自分たちの文化を紹介するアウトリーチ教材を、使ってもらう対象を誰にするかを明らかにしながら構想してみよう。
> 2. アウトリーチ教材を作成する際は連携が大切である。その際、連携する人や団体との互いのメリット（Win-Win）について整理し、検討してみよう。
> 3. アウトリーチ教材のデジタル情報にはどのようなものが有効か話し合ってみよう。

演 習

1. 映像制作技法：企画から編集までのコツ

1.1 企画とシナリオ

1.1.1 企画のコツはターゲットを絞ること

これから制作しようとしている映像をとおして、なにを伝えるのかという制作者の意図を明確にするのが企画書である。企画のコツは、できるだけターゲットを絞ることである。この人ならこんな情報が必要というように考えていくと、結果的に万人に理解されやすい映像になるだろう。

1.1.2 シナリオはスタッフの共通認識のために書く

具体的にどんな内容になるのかを示す映像の設計図が、シナリオや絵コンテである。アニメやCGの場合は、絵コンテを描き、実写の場合は文字のみのシナリオを書く場合が多い。シナリオや絵コンテを用意する第1の理由は、スタッフ全員に制作の意図を共通認識してもらうためである。映像制作は、ディレクター、カメラ、音声、照明などいろんな役割のスタッフの共同作業ということを忘れず、その指示書となるようにシナリオを書かなければならない。

1.2 撮影

1.2.1 すべての画面変化に意味を持たせる

カメラの性能がよくなり、誰もがきれいな映像を撮影することができるようになった。しかし、制作者の意図を伝えるためには映像の構成や表現を考える必要がある。例えば、ただ何となく画面に変化を持たせるためにズームインしてアップにするのではなく、すべての画面変化には意味を持たせなければならない。被写体の細部を集中して見てほしい時、中途半端に寄ったアップだと周辺の情報も写り込み、意味がぼやけてしまう。この場合は、徹底的に寄ってクローズアップにするなど、視聴者が映像から情報を得やすくすることが重要である。また、撮影する時は三脚を使用することが原則であるが、あえて手持ちで撮影する場合は、その手ぶれの意味を考える必要がある。

1.2.2 編集することを考慮して撮影する

映像はシナリオに登場するシーンの順に撮影する必要はなく、効率のよい順で撮影し、編集段階で順序を変えればよい。編集することを考慮して撮影するということは、例えば、テロップとして文字を合成する時のことを考えてテロップ用の空きがある映像を撮影しておくことである。また、映像をつないでいくと音声が途切れてしまうので、そのシーンの

環境音が連続して録音された映像を別途撮影しておくと便利である。

1.2.3　エスタブリッシングショットで状況説明

状況説明のための画をエスタブリッシングショットなどと呼ぶ。例えば、「建物の外観」→「室内で話をしている人物」のように映像が構成されていると、この人物はその建物のなかで話しているように見える。この建物の外観の画がエスタブリッシングショットである。また、夜の建物か昼の建物かで、話している時間帯を表現することができる。

1.2.4　イマジナリーラインを越えないカメラ配置

複数のカメラで撮影する時、「イマジナリーラインを越えてはならない」という原則がある。例えば、2人の対談を撮影する時のイマジナリーラインは2人を結ぶ線のことで、目に見えない想定の線である。最初にカメラを置いた位置からイマジナリーラインを越えてカメラを配置してはならない。なぜ越えてはならないかというと、画面に録画された2人の顔の向きが対話しているようにならないからである。被写体が列車の場合を考えるとわかりやすい。列車の場合は線路がイマジナリーラインになる。画面右から左に走る列車を、線路を越えて撮影すると画面では逆に左から右に走行しているように写ってしまい、別々の列車のように見えてしまうのである。

1.2.5　目的にあったカメラ位置

伝えたい目的によってカメラ位置を考える必要もある。例えば、寿司職人の華麗な手さばきを表現したい場合は、職人の正面から撮影してもよいが、寿司のにぎり方をわかりやすく教えたい場合はどうだろう？　画面では手の向きが反対になるため、視聴者は真似をするのが難しくなる。この場合、職人の背後から覗き込むように手元を写せば、視聴者の手の向きと合わせることができる。

1.3　編集

1.3.1　ナレーションとテロップで明確に伝える

パソコンの編集ソフトでは、撮影した素材映像、BGM、ナレーション、効果音、テロップ（文字）などをシナリオに沿ってタイムライン上に並べていく。編集技法も多々あるが、ここでは、制作者の意図を明確に伝えるためのナレーションとテロップの注意点について述べておく。まず、ナレーションの言葉が明瞭でないと、せっかくの映像も台無しになってしまうので、録音スタジオなどでプロに読んでもらうべきである。ナレーション原稿は1文をできるだけ短くし、聞き間違われない言葉を選ぶ。例えば、「約30個」は「130個」に聞こえてしまう場合もある。この場合は「およそ30個」とすればよい。また、インタビューなどで聞き慣れない専門用語や同音異義語が出た場合は、映像にテロップを重ねて誤解のないようにする。テロップは背景の映像で見えにくくなることがあるため、文字に縁取りをしたり、文字の背景色を変えたりし、サイズは大きめにする。

〈近藤智嗣〉

演習

2. ワークシート作り

2.1 ワークシートとは？

　昨今のミュージアムでは、入口付近に来館者用のワークシート等を用意しているところが増え、これを片手に展示室を巡る光景が珍しくない。ミュージアムのワークシートとは、木下（2009）によれば「（略）その呼びかけや設問で展示資料に利用者をひきつけ、観察の仕方のヒントを与えることによって、発見のよろこびや新たな理解へ導くものである」（p.75）と説明されている。つまり、ミュージアムに展示されているものへのアプローチの仕方を伝えるためのツールがワークシートなのである。

　学芸員をはじめとするミュージアムのスタッフには馴染みがあり見慣れた展示物も、ほとんどの来館者にとっては未知なるものである。ゆえに、初めてそれを見た人の気持ちに寄り添ってワークシートを作る必要がある。具体的には、その未知なるものの「どこをどのように見たら」その特徴がわかるのか、「何に気づくと」よりそれを楽しむことができるのかをコンパクトにまとめ、設問等を通して投げかけていくことが求められる。

　ミュージアムで作成された優れたワークシートの事例は木下周一（2009）『ミュージアムの学びをデザインする』（ぎょうせい）に豊富に紹介されているので、参考にすること。

2.2 ワークシートの作り方

　メディアを使った展示を対象としたワークシートの作り方を順番に紹介していきたい。

① ［対象者は？］まずはワークシートを誰に使ってもらうのか、その対象者を考える。幼児から大人までの個人・グループ、親子連れ、学校団体の児童生徒など、来館者によって来館目的も滞在時間も異なることを考慮し、その中でターゲットとしたい人々を検討する。これには日ごろから展示室の来館者の様子をよく観察しておく必要がある。

② ［伝えたいメッセージは？］対象とする人々にワークシートで伝えたいメッセージ・内容を決める。例えば、「○○水族館の企画展示にて、小学生にしんかい2000の活動内容を知ってほしい」などが考えられる。

③ ［おすすめの展示の見方・楽しみ方は？］上記のメッセージ・内容を理解してもらうために、おすすめの「展示の見方・楽しみ方」を考える。最初にどの資料を見るのか、どのパネルを読んでもらうのか等を考えていく。展示を見る際に考えてほしいことを最初に投げかけるのも一つのやり方である。さきほどの例でいえば、「しんかい2000はなにをするための潜水艦なのか？」といった問いかけからスタートすることも考えられる。

④ ［メディア資料にも注目］次にどのタイミングでメディア資料を見てもらうのかを考える。映像資料であれば、最初に見てもらうのがいいのか、実物資料の後に見てもらうのがいいのか等を考える。
⑤ ［メディア資料の見方・楽しみ方は？］続いて、メディア資料を見る（使う）際の問いかけを考える。ただ漫然と見るのではなく、問題意識を持ってメディアを使うと、理解をより深めることができる。そのために効果的な問いを考えてみる（例：しんかい2000から撮影された映像で一番目についたものは？ 撮影時の海水の温度は熱い／冷たいと思ったか？ なぜそのように思ったのか、等）
⑥ ［考えるための設問を投げかけてみる］必要に応じて、ワークシートの設問と解答欄を設けることもできる。ただし、ここで気を付けなければならないのは、ミュージアムでの学びは学校の授業とは異なり、必ずしも正しい知識の伝達のみを目標としているわけではないことである。つまり学校でよく使われるようなドリル形式の設問集にしてしまうと、子どもたちはひたすら解答を埋めることに専念し、資料に目を向けることなく足早に展示コーナーから去っていってしまう。資料をよく観察したり、自分で考えたりしないと回答できないような設問を設定するといいだろう。
⑦ ［終わったら体験を共有しよう］ワークシートを使いながら展示を見終わったら、理想的にはその経験をスタッフや一緒に来た仲間と共有できる機会を作るといいだろう。例えばワークシートに「完成スタンプ」を押したり「できましたシール」を貼る欄を設けて、スタッフのいるデスクに持ってきてもらうきっかけを作れば、記入した内容を一緒に読んで、考えたことを一緒に振り返ることができるだろう。ワークシートはやりっ放しにしないのが理想ではあるが、このような人による対応ができる体制にするには、ボランティアやインターンの活用等が必要となることに留意しなければならない。

2.3 ワークシート作りの注意点

最後に、展示室で使うワークシートの注意点として3点挙げたい。

・ワークシートをお土産にしない工夫を。

展示室の入口にシートを積み重ねて置くと、手に取ってすぐかばんにしまう、手に持ったまま館内で一度も開くことなく持って帰ってしまう行動パターンが多く見受けられる。できればその場で使うことが一目でわかる配り方を考えてみよう。

・ワークシートの狙いは展示資料とそれを見る人をつなぐことであることを忘れずに。

時にワークシートを作りこみすぎてしまい、肝心の展示資料の存在感が薄くなってしまうこともある。あくまでもワークシートは脇役であり、その狙いは展示資料と見る人をつなぎ、新しい発見をしたり、知的に楽しんだり、感動したりするためのきっかけを投げかけるものであることに留意しよう。

・ワークシートは出発点であり、終着点ではない。

演 習

　ワークシートを通して展示資料に対する興味関心を持ったり、ミュージアムにまた来たいと思ってもらうことが大切である。ミュージアム体験の良いスタートになるようなシート作りを心がけよう。

（井上由佳）

3. アウトリーチ教材をつくってみよう

3.1 アウトリーチ教材とは：「物語」を届けよう

　アウトリーチ教材を企画するときは、単に〈貸し出すことのできる資料〉としてではなく、資料を含めたさまざまな情報群からなる〈博物館からの物語〉を届けると考えればより発想が膨らむだろう。その物語とは、資料の背景にある歴史や研究、開発担当者らが期待するコミュニケーション、利用者が教材とともに紡ぎだす経験、と多岐にわたる。テーマを設定し、モノを中心に、その使い方と伝えたいことを物語としてひとまとめにしたパッケージを利用者に届けるのである。

　また、アウトリーリ教材は、資料（標本、作品）と利用者を結ぶメディアであると同時に、博物館と利用者を取り結ぶメディアとしても機能する。例えば、国立民族学博物館の民族学学習キット「みんぱっく」は「子どものための小さな博物館」とうたわれており、実物資料、情報カード、コンセプトシートなどからなるひとまとめを博物館にみたてて作られている。そのため、一点一点の資料についての学びを深めると同時に、パッケージの中のモノをつかって展示をつくることもできる。すなわち、展覧会の企画と同様に、メッセージやストーリーなど、テーマ性が重要になってくる。

　教材の利用者が、博物館への興味や、博物館ならではの学びを広げ深めることができるような教材を目指して開発に臨もう。

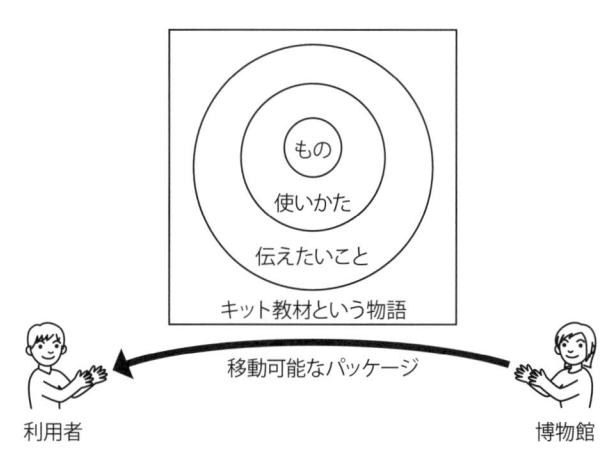

図1　アウトリーチ教材とは

演習

3.2 何をつくるのか：教材の構成を考える

　アウトリーチ教材は、博物館のテーマや資料の特性、ミッション、利用者などに応じて、さまざまなタイプのものが考案できる。同じ資料（標本、作品）を活用する場合でも対象者等の条件によって教材のテーマや構成は変わるだろうし、教材に込めるメッセージが同じでも取り上げる資料の可能性は多様だ。すなわち、企画の数だけ教材の可能性はあり、そのケースに応じて最も適切だと思われるものを選び、形にしていくことが求められる。

　アウトリーチ教材は、資料や作品や標本などのモノだけでなりたっているわけではない。実物や複製などのモノを中心に、それにまつわる情報や取り扱い方、一緒に使う道具や参考資料などからなるパッケージとして制作するとよい。

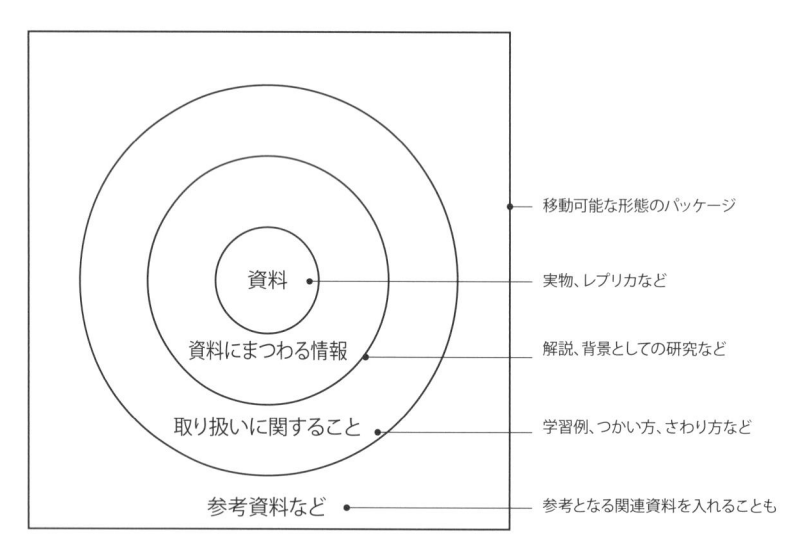

図2　アウトリーチ教材の構成

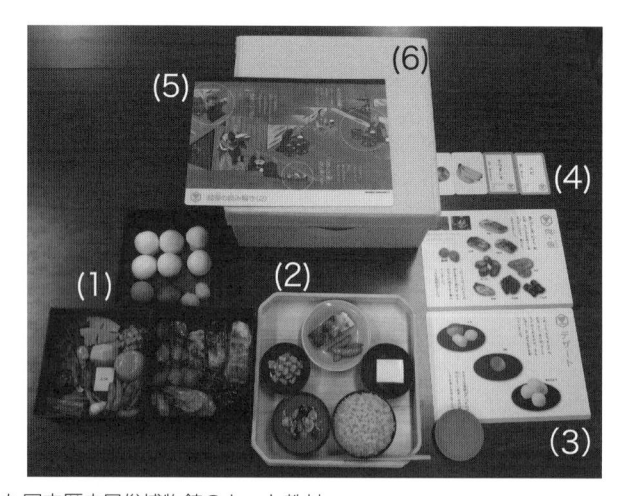

（同心円図：外側から）
- 移動可能な形態のパッケージ
- 資料 — 実物、レプリカなど
- 資料にまつわる情報 — 解説、背景としての研究など
- 取り扱いに関すること — 学習例、つかい方、さわり方など
- 参考資料など — 参考となる関連資料を入れることも

中世の食をテーマにした国立歴史民俗博物館のキット教材
　(1)重箱入り食品サンプル　(2)食器類（三方、漆器、青磁、土器）　(3)食材解説のシート　(4)中世に食べる／食べないのカード　(5)『酒飯論絵巻』部分複製と解説　(6)ボックス（このキット教材は館外ではなく館内貸出の予定）

3.3 開発のプロセス：まずはモノから？ テーマから？

　制作のための条件を整理して、どのような教材をつくるかを考えるのが最初の仕事になる。想定される利用者、活用する資料（標本、作品等）等の条件を整理し、その資料の使い方や背景にある研究をもとに、伝えたいことや教材のテーマを決める。テーマや想定される利用場面にあわせて、どのような資料を取り上げるのか、サイズや形態はどうするのかなどを決めていく。

　筆者が開発にかかわった国立歴史民俗博物館の二つの教材を例に、どのような順序で開発していったのかをみていこう。図3、図4をみながら、教材の構成と開発のプロセス（①〜）をたどってみてほしい。

□テーマを決めてつくりはじめた例〈中世の食〉

　この教材は、利用者を幼稚園児から小学生とし、数名のグループごとでの利用を想定している。博物館の利用者実績や調査から人気の高いトピックのひとつである食をとりあげ、担当者の一人が日本中世史研究の専門家であったので〈中世の食〉をテーマとした。食を教材にする場合、本当の食べ物を入れることができないので、そこから議論をはじめ、当時の食材や食器を再現して、ままごとができるパッケージをつくることにした。何をどのように食べていたのか、昔の食について研究する方法や素材は何なのか、という問いを利用者に実感してもらいたい。すなわちこれらの問いをこの教材のメッセージとすることにした。専門家が過去を知る手がかりとして参照する絵画資料を、利用者がままごと遊びで食事の風景を再現する手がかりとして見る絵として活用する仕組みになっている。

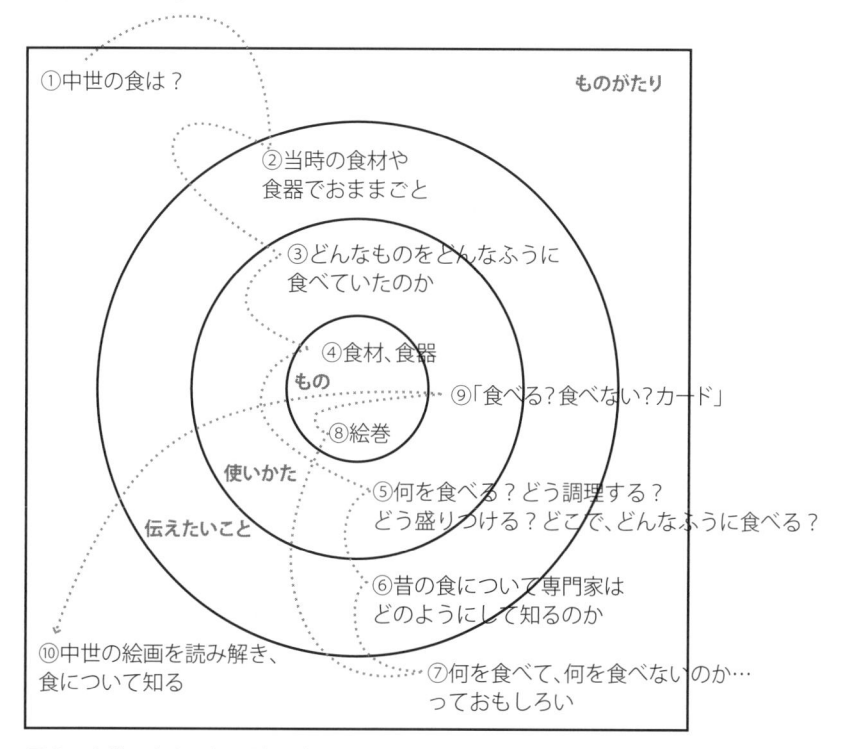

図3　中世の食キット開発のプロセス

演習

□ **資料を決めてつくりはじめた例〈江戸図屏風〉**

展示場に複製が常時展示されており、小学校の社会科教科書にも採用されている江戸図屏風を活用することを条件に、教材を開発することになった。まず、江戸図屏風を見ることでわかること、研究への利用方法などを専門家へインタビューした。屏風には建築や風俗などの様子が描かれているので、研究者のように絵画を読み解くこと、絵から歴史像を描くことをテーマにした。読み解きを利用者自らが経験できる仕組みを教材化していった。

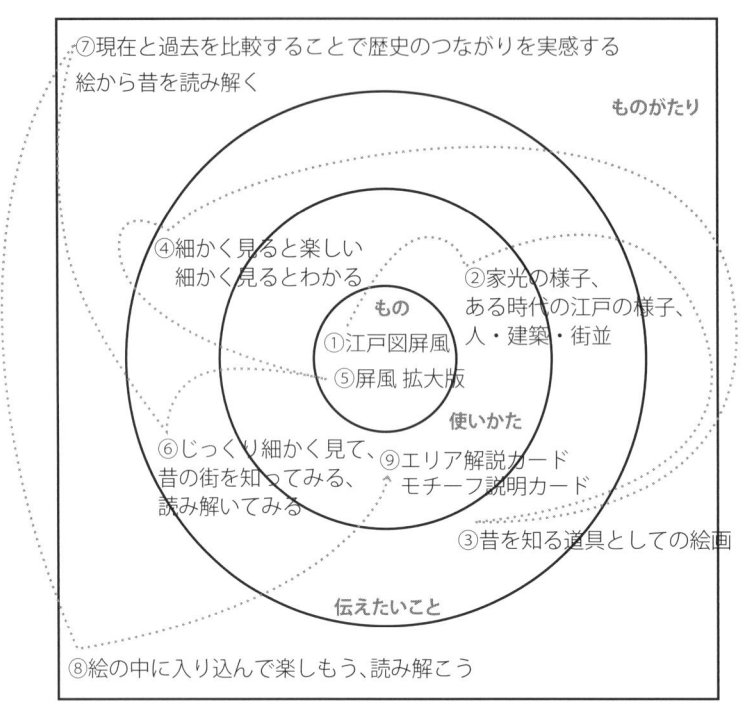

```
    ⑦現在と過去を比較することで歴史のつながりを実感する
      絵から昔を読み解く
                                            ものがたり
      ④細かく見ると楽しい      ②家光の様子、
        細かく見るとわかる       ある時代の江戸の様子、
                              人・建築・街並
              もの
             ①江戸図屏風
             ⑤屏風 拡大版
                        使いかた
      ⑥じっくり細かく見て、  ⑨エリア解説カード
        昔の街を知ってみる、    モチーフ説明カード
        読み解いてみる
                          ③昔を知る道具としての絵画
                      伝えたいこと
      ⑧絵の中に入り込んで楽しもう、読み解こう
```

図4　江戸図屏風キット開発のプロセス

3.4　道具化する：利用者の経験をデザインしていく

教材の中心となるモノの形態や、あわせて提供する情報をどのようにまとめるのかがアウトリーチ教材づくりでは肝要である。例にある〈中世の食〉の場合、食べるものをレプリカで見せただけでは何を食べないのかがわからない。そこで、「食べる？　食べない？」をカード化しゲーム感覚で使用できるよう配慮している。

〈江戸図屏風〉では、屏風そのままを複製にするのではなく、拡大した床置きシートと縮小版屏風を作成している。実物と同じサイズでは大きすぎて容易に発送できない。また、ここでは描かれている詳細を鑑賞することがテーマになっているので実物より大きくすることでより詳しく見られるようにするため拡大し、簡便な利用のためにシートという形態を採った。シートだけでは屏風の形を伝えられないので、縮小サイズの屏風も用意するに至った。学校で1クラスごとに利用することが想定されたので、グループワークに対応できるよう、情報を記載したカードなどは6セット作成している。

モノを教材として制作していくに際して大切なのは、開発するのは教材という物だが、

つくりあげていくのは利用者の経験の像である。〈何をつくるのか〉の底にある〈何を経験してもらうのか、そのためには何が必要なのか〉という問いを忘れてはいけない。

3.5 評価：よりよく作るための調査

　教材開発の過程では、評価すなわち利用者調査が欠かせない。1)利用者像やニーズを把握し、2)プログラムへのニーズや現状の課題を整理する。これらに基づきテーマや資料をきめていく。3)設定したテーマや資料について利用者の興味関心や理解の度合いを調べ、テーマ設定が適切かどうか確認する。教材がある程度形になってきたら、4)想定している利用方法や情報提供の表現や程度が適切かどうか、制作途中のものを検証する。それにあわせて、改善をおこなう。5)完成したら、目的通りに機能するか、テーマが伝わるかどうかを調べる。これらの評価（調査）はすべて、よりよく作ることが目的である。調査の方法は、アンケートやインタビューをはじめ、実際に教材を使ってみてもらうのもいいだろう。*

　開発の過程だけでなく、利用の過程に時折調査をおこなうことは、改善や次のテーマ決めにも有効である。博物館の教育プログラムは、つくりながら構築していき、使いながらも改善し続けることが大切である。

（佐藤優香）

＊この評価手順について詳しくは、村井良子「博物館教育プログラムの評価」小笠原善康、並木美紗子、矢島國雄『博物館教育論―新しい博物館教育を描きだす―』（ぎょうせい、2012）を参照。

図の作成にあたっては、原田泰氏（はこだて未来大学教授）に協力いただいた。ここに記して感謝します。

執筆者一覧

黒田　　卓	富山大学教授	第1章・第9章
久保田賢一	関西大学教授	第2章
梨本　加菜	鎌倉女子大学准教授	第3章・第10章第1節
小笠原喜康	日本大学教授	第4章
村野井　均	茨城大学教授	第5章
今田　晃一	文教大学准教授	第6章・第12章第3節
髙橋　信裕	㈱文化環境研究所所長	第7章・第10章第2節
寺嶋　浩介	長崎大学大学院准教授	第8章
中山　京子	帝京大学准教授	第10章第3節
伊藤　　真	ライツ法律特許事務所弁護士・弁理士	第11章
平井　佑希	ライツ法律特許事務所弁護士・弁理士	第11章
高田　浩二	海の中道海洋生態科学館館長	第12章第1・2節
近藤　智嗣	放送大学准教授	演習第1節
井上　由佳	文教大学専任講師	演習第2節
佐藤　優香	東京大学大学院特認助教	演習第3節

（執筆順。肩書きは執筆現在）

博物館情報・メディア論

平成25年2月28日　初版発行
令和6年7月30日　　9版発行

編　集　日本教育メディア学会
発　行　株式会社ぎょうせい
〒136-8575　東京都江東区新木場1-18-11
URL：https://gyosei.jp

フリーコール　0120-953-431
ぎょうせい　お問い合わせ 検索　https://gyosei.jp/inquiry/

〈検印省略〉

印刷　ぎょうせいデジタル株式会社
乱丁・落丁本は、送料小社負担にてお取り替えいたします。
©2013 Printed in Japan　禁無断転載・複製
ISBN 978-4-324-09584-3 (5107914-00-000)　[略号：博物館メディア論]